JN079755

# 徹底検証！ 東京都政

## 巨大再開発、DX・GXで東京のまち・自然が破壊される

山本由美・久保木匡介・川上哲・
一般社団法人 東京自治問題研究所　編著

旬報社

# はじめに

　2020年7月からスタートした第2期小池都政とは何なのか、2024年7月5日に迫った東京都知事選挙を前に、その真実を明らかにして都民に政策論議を高めていただくことが本書の目的です。編著者メンバーが所属している東京自治問題研究所は、都政のシンクタンクとして1982年設立以来、東京の都市、地域問題を実証的に検証してきました。その総力をあげて、今の小池都政の特に特徴的な論点をあげています。

　この4年間は、コロナ禍を抜きに語ることができません。その時期に国際機関やアメリカの識者などが共通に、コロナの危機は「危機の前からあった構造的問題点をあぶりだす機会になる」ものであり、「歴史を皆の力で下からつくり変える大きなチャンス」と捉えていたと聞き、日本との違いに衝撃を受けたことがあります。

　東京でもコロナ禍の時期に、それまで進められてきた新自由主義的な経済優先の政策の矛盾点がみごとなまでに露見しました。第4章「社会保障、医療、公衆衛生、ジェンダー」では、東京都のそのような深刻な実態に基づいた論点が挙げられます。例えば、2022年9月までに都内で390万人以上がコロナ感染し6600人以上が死亡しました。しかし、施設数も職員数も削減されてきた保健所はコロナ禍で危機的状況に追い込まれました。それを個々の献身的な努力で乗り越えようとした専門職である保健師による、厳しい問題提起も収載されています。また、多くの解雇や個人自

営業者の破綻などによって拡大した貧困は大きな社会問題となりました。さらに2022年のウクライナ危機以降、急上昇した物価高騰の中で、貧困は一層深刻化しています。

　しかし、小池都政はその様な矛盾の解消に全く目を向けることなく、あるいは一面で利用しながら、逆に巨大再開発で「公共」を民間事業者に売り飛ばし、東京の文化や環境を破壊する方向に力いっぱいアクセルを踏んでいるかのようです。

　その小池都政の政策・財政の全体像が、第1章「都政は何を進めてきたのか」で、最大の課題である、神宮外苑再開発に代表される巨大都市開発プロジェクトの推進が、第2章「加速する都市再開発と住みにくくなる東京」で様々な角度から論点化されます。

　神宮外苑という、従来であれば再開発など考えられない都市計画公園をつぶし、歴史的に維持されてきた地域の3千本の樹木を伐採し、容積率の緩和による高層ビルを乱立させる小池都政のやり口は、まさに一時の利益追求だけを追求したものです。また、数多くの「国家戦略特区」を活用し、国の再開発政策をリードしています。1年延期されたオリンピック・パラリンピックも完全に再開発の「口実」として利用されました。

　そんな小池都政は、子どもの権利や幸福に関心があるのではなく、成長のための「人材」確保、そのための「少子化対策」のみに関心を向けていることが、第3章「DX・民営化による公教育・保育の変質」などで論点化されます。今回の小池都政の「目玉」でもある「教育費無償化」も不完全なものになっています。コロナ禍と「人材不足」を契機に進んできた教育・保育DXも、子どもへの統制を強め、最も重要な専門職と保護者、子どもの人間的関係を希薄化させることが懸念されます。

　さらに各分野で深刻な公務員不足、教員不足などが起きていますが、その背景に東京都が人件費を削減させ、非正規雇用の増大

化を図ってきた政策があります。第1章2では、その結果、東京都が約5兆円の金融資産を蓄積していることが明らかにされ、その財政力を「医療・福祉・教育・暮らしの向上に活用」すべきであると提言がされています。地方自治を否定し、コミュニティや自然を破壊する小池都政に対して、わたしたちの住民自治による“まちづくり”を対峙させ、対抗軸の共同を進めていく、本書がその助けになればと願います。

# 第2章 加速する都市再開発と住みにくくなる東京

# 第**3**章 DX・民営化による公教育・保育の変質

# 第4章 社会保障、医療、公衆衛生、ジェンダー

# 1

# 都政は何を進めてきたのか
## ―国際競争力強化と巨大再開発―

●本章では、小池都政の政策と財政について、第二期を中心に概観し、都民主体の都政を取り戻すためには、どのような転換が必要なのかを考えていく。

●1では、小池都政の政策の現状を見たうえで、総合計画である『「未来の東京」戦略』を検討し、小池都政の政策が国と経済界の成長戦略と一体化し、GXやDXにシフトしながら人への投資や都市開発に重点化されていることを見ていく。

●2では、近年の都財政の変化とその特徴を検討したうえで、都には税収による潤沢な財政が存在し金融資産が増えているにもかかわらず、人件費の割合が抑えられていることを明らかにし、都民の暮らしに財政を振り向けるべきことを主張する。

●3では、個別の支出について近年の東京都の各種基金を対象に検討し、オリンピック関連などに大規模な支出が行われる一方で、新型コロナ対応の支出によって基金の持続可能性に問題が生じる恐れも出てきたことを指摘する。

# 1 第二期小池都政を検証する

　1章1では、2020年6月から始まった第二期小池都政の主な政策を振り返り、その特徴と問題点を検証します。

## ◆2024年における小池都政と東京の現状

　2024年の1月から2月にかけ、東京都で働くスクールカウンセラーのうち2割に当たる250名近くが、雇用継続を希望したにもかかわらず公募試験で不採用とされ、雇い止めされました。学校で子どもの不安や悩みに寄り添う専門職を、更新上限のみを理由に大量に切り捨てる都の姿勢に批判が強まっています（東京新聞ウェブ版2024年2月3日）。

　同時期の2024年2月、東京都は都庁舎をスクリーンにして映像を流すプロジェクションマッピングを開始しました。都庁第1本庁舎の壁面に、東京の観光スポットなどの映像を毎晩30分おきに投影するほか、都議会や旧百貨店などでも同様の事業を行います。そのための予算が一般会計から18億円計上されています。同事業の目的は、東京の夜間観光の促進や海外へのアピールと言われます。これに対し、多くの都民が物価高騰に苦しみ、都庁周辺では食糧支援の列に毎回数百人が並ぶにもかかわらず、そのような事業に莫大な予算を使うことへの批判が起きています（東京新聞ウェブ版2024年2月29日）。

　急速に進んだ大規模な都市開発プロジェクトも問題となりました。神宮外苑は、戦前に日本初の風致地区に指定され、100年以上にわたり高層建築や樹木伐採が規制されてきました。しかし東京オリンピックを契機とした規制緩和により、三井不動産や伊藤

忠商事などが進める再開発では、複数の高層ビル建設に加え3000本以上の樹木が伐採されようとしています。都心の貴重な自然景観破壊に対し、都民はもちろん多くの文化人やアーティストが反対の声を上げています。また、東京都による環境影響評価が不十分であること、都の規制緩和や計画決定の多くが非公開という住民不在の中で行われたことに批判が集まっています。

その一方、2023年末、東京オリンピックの選手村が建設された晴海地区では、三井不動産レジデンシャルや三菱地所レジデンスなどによって5600以上の分譲・賃貸住宅が大型商業施設とともに建設され、人口約1万2000人が暮らす新たな街が「HARUMI FLAG」としてオープンすることが発表されました（読売オンライン2023年12月11日）。そもそもこの土地は、都が舛添知事時代に13ha以上の都有地を近隣地価10分の1以下で大手不動産会社11社と売却契約を結び「投げ売り」したものです。現在、都民から都に損害賠償を請求する訴訟が起こされています。その土地に、東京一極集中の解消が叫ばれる中で、新たに1万人以上が暮らす巨大な街が建設されたのです。

### ◆ 第二期小池都政で何が行われてきたのか

次に、2020年以降の第二期小池都政を、重点的に取り組まれた3つの施策からふりかえります。

第1は、新型コロナの感染拡大への対応です。都内では2022年末までに累計390万人以上が感染し6600人以上が死亡しました。感染拡大のたびに各病院や保健所が逼迫し、適切な医療を受けられない患者が膨大に生まれる一方、患者を支える医師、看護師、保健師、あるいは介護労働者の疲弊が深刻化しました。また解雇や雇い止めは7万7000人を超え、自営業者を含めた勤労者の生活破綻が急拡大しました。

これに対し小池都政は、医療機関や保健所などの統廃合やアウ

トソーシングを転換するのではなく、都立病院の独立行政法人化を強行しました。また、住民の暮らしを守る立場から財政出動による抜本的な生業・生活支援策を行うこともありませんでした。他方では、「デジタル構造改革によってコロナを封じ込める」として、コロナ禍を梃子にしてデジタル構造改革を推進する認識が示されました。

　第2は、コロナ禍における東京オリンピックの開催です。東京オリンピックは、新型コロナ感染拡大を受けて1年延期されたものの、2021年に開催が強行されます。小池都政は当時の菅政権と共にその旗振り役を務めました。これに対し、感染拡大による生活苦が広がる中で、莫大な財源や人員を割いてオリンピックを強行すること、オリンピックを契機として進められる巨大開発や環境破壊に対する批判が高まりました。また、組織委員会のスポンサー選定における汚職など運営側と大企業の癒着・利益誘導が公然と行われました。しかし小池都政は、汚職や談合事件に対して主催者として何等の説明責任も果たしていません。それどころか「オリンピックのレガシーの活用」を掲げ、都市再開発やシティ・プロモーションに注力しています。

　第3は、巨大都市開発プロジェクトの推進です。東京では2000年代より規制緩和による巨大都市再開発が進行しましたが、2010年代中盤よりこれが急加速します。その契機となったのが、国家戦略特区と東京オリンピックでした。特に、国家戦略特区による規制緩和を活用した都市再生事業等により、数年のうちに都心各地ですさまじいスピードで新たな高層ビル群が建設されました。例えば上記事業につき、2023年には東京都内だけで44のプロジェクトが行われていますが、そのうち34は小池都政下で進められたものです。ここでは第1に、東京の都市空間を、都民の暮らしを豊かにするためではなく、経済成長に資する都市再開発、

大手デベロッパーが手掛ける不動産開発のために提供することが妥当なのかが問われています。第2に、地域社会や自然環境の持続可能性という点からして、このような都市開発を続けることが妥当なのかが問われます。巨大都市開発は、政府の地方創生とは逆に東京一極集中を加速させる一方、工事に伴う大量の$CO_2$排出など気候変動対策にも逆行するものとなっているからです。

## ◆小池都政はどのような政策を進めようとしているか

　次に、小池都政の直近の政策の特徴と問題点を、長期計画『「未来の東京」戦略』から検討します。『「未来の東京」戦略』は、小池都政第二期の2021年3月に策定された東京都の総合計画です。その後、都は2022年から2024年まで毎年同戦略のバージョンアップ版を策定しています。近年の小池都政の政策的は、おおよそ以下の4つに重点化されてきています。

## ◆人の成長戦略

　第1の重点政策は「成長の源泉となる『人』」の育成戦略です。

　この政策は、一方では出生数・婚姻数の向上、女性就業率向上、高齢者雇用の充実と、他方では産業構造転換に対応する人材育成などの課題解決をめざすものであり、結婚、子育て、教育等の支援から女性、高齢者、障害者の支援までを含む幅広いものです。しかし、その最大の特徴は「成長の源泉となる人材育成」というスローガンに象徴されるように、東京の経済成長と国際競争力強化に資する人材を育成するという視点です。つまり、従来は教育、児童福祉、老人福祉、障害者福祉などの分野で行われてきた人権保障のための政策を、「経済成長のための人材育成」政策に置き換えているところに最大の特徴があります。これは、岸田政権が「新しい資本主義のグランドデザインおよび実行計画」（2022年）で掲げた「人への投資」政策に沿うものです。

　そこでは、「国際競争を勝ち抜く英語力を強化」「産業構造転換

に対応できるスキルアップ」「成長分野を生み出す起業家精神」「将来のデジタル人材」（「未来の東京戦略2023」）などの言葉が並びます。さらに「アクティブなChōju社会」として、高齢者がいつまでも活躍できる「プラチナキャリアセンター」の新設、「世界を舞台に輝く人材を創出」するために女性のキャリア形成の支援、英語力の向上などグローバルな人材育成や教育のデジタル化などが提起されています（「未来の東京戦略2024」）。

　小池都政の「人」に対する政策については、以下のことが指摘できます。第1に、結婚・出産・子育て支援の目的、あるいは教育改革、女性活躍支援、幅広い世代の学び直しの目的が、経済「成長」に一元化されていることです。政策のねらいが、権利としての教育などの人権保障ではなく、新自由主義的な「人的投資」に置かれています。そのため第2に、婚姻数や出生数低下の原因である低賃金、非正規労働者の増加、住宅の貧困と高額な家賃、保育サービスの基盤整備の遅れなどの課題に向き合っていないことです。特に、若者の生活や子育てに必要な現物給付の仕組みを抜本的に整備しなおすという視点が希薄です。第3に、特に教育改革に関わる部分について、デジタル化や国際競争力強化に資する教育の重視を掲げますが、子どもたちのパフォーマンスをデジタル管理する一方で受験競争や資格取得競争を激化させるこれらの教育改革を推進することが、子どもや教育現場に与える影響について、まったく配慮をしていません。

## ◆国際競争力強化の都市戦略

　第2の重点政策は、国際競争力を強化する都市づくりです。「未来の東京戦略2023」では、「世界から選ばれ・世界をリードする都市」というスローガンの下、成長をけん引し世界の都市間競争を勝ち抜く＝世界から「選ばれる」都市に東京を高めることを掲げています。日本の「世界競争力ランキング」が過去最低の34

位であること、世界でスタートアップが産業構造の転換をけん引していること、GX・DXが世界経済の新たな基軸であることなどが、課題として指摘されています。

これらの課題を受けて小池都政が取り組んでいるのが、「グリーン」「デジタル」「スタートアップ」を軸にして東京のプレゼンスを向上させることです。「未来の東京戦略2022」では、「国際金融都市・東京」構想と称して、グリーンファイナンスの推進、金融のデジタライゼーション、スタートアップへの各種支援事業などを外国企業誘致と共に推進することを掲げています。

その中心的なプロジェクトが、2021年にスタートした「東京ベイeSGプロジェクト」です。その主な内容は、①中央防波堤エリアを再生可能エネルギーや次世代モビリティの巨大実装エリアとする、②臨海副都心エリアを次世代技術やスタートアップ企業の集積したデジタル都市とする、③各エリアを新たな交通ネットワークで結ぶ、などです。また、「東京ベイeSGパートナー」としてこのプロジェクトに参加する大手不動産、鉄道、大学、電機、通信など100以上の企業との連携を推進しています。

小池都政における国際競争力強化の戦略は、石原都政以来の、「グローバルな都市間競争に勝ち抜く国際金融都市づくり」をGXやDXに比重を移しながら展開するものです。そこでめざされるのは、競争力のある多国籍企業やスタートアップが展開しやすい都市環境の整備であり、企業の競争条件整備こそが都の役割であるという認識が貫かれています。他方で、そのような都市づくりが四半世紀以上継続される中で、貧困や生活苦、住環境の悪化など多くの都民にとって切実な問題が置き去りにされてきたこと、現在の戦略が今後ますます都民の生活要求とのギャップを拡大させるであろうことへの認識は見られません。

## ◆気候変動・防災対応と巨大再開発

　第3に、小池都政の都市戦略には、気候変動対応と防災対応を柱とする「安心・安全」の都市づくりがあります。この背景には、気候変動による異常気象や風水害、脱炭素化への世界の動き、首都直下地震などの巨大災害への対応、および感染症対応についての課題認識があります。

　特に「脱炭素社会の実現」をめざす気候変動対策では、2030年にカーボンハーフ（$CO_2$の50％削減）をめざし、「ゼロエミッション東京」実現を掲げています。具体的には「未来の東京戦略2022」において、①新築住宅への太陽光発電設置義務化、既存住宅の省エネ改修と太陽光設置促進、②自動車の脱炭素化・水素モビリティ化の拡大、③都市開発を通じたゼロエミ地区形成、④資源の循環利用とサーキュラーエコノミーへの転換、⑤グリーン投資の推進、脱炭素スタートアップ支援、モビリティ分野の技術開発支援、⑤都庁の率先行動などに取り組むとしています。

　これらの取り組みから、東京都は脱炭素に向けた取り組みを先進的に行っている自治体とみなされることもあります。しかし、ここでは2つのことを指摘したいと思います。

　1つは、これが政府と財界の新たな経済成長戦略に沿って行われているということです。2020年の日本経団連「新成長戦略」に見られるように、経済界はDXと並んで「グリーン成長」の実現を日本経済の成長戦略の柱と位置づけています。すなわちグローバルに拡大した脱炭素市場を前提に、国際的なグリーン需要を取り込むことは、原発推進と並ぶ財界の基本戦略です。岸田政権の経済財政政策の方針もこれに沿ったものです。小池都政の気候変動対応の政策は、政府・財界の「グリーン成長」路線を首都東京で積極的に具体化するものである点に注意が必要です。

　もう1つは、温室効果ガス削減のために様々なプロジェクトを

打ち出す一方で、神宮外苑の開発問題にみられるような巨大都市開発プロジェクトを次々と推進し、その過程で大量の$CO_2$を排出させていることです。ゼロエミッションの高層ビルや商業施設から構成される新たな都市づくりを、大量の$CO_2$排出を伴って進めるという点に、小池都政が進める21世紀の開発主義と気候変動対策の大きな矛盾があることは強く批判されるべきです。

## ◆デジタル化による都政の構造改革

　2020年以降、都政の構造改革の課題は「都政のデジタル化」に集約されてきました。「シン・トセイ」と銘打たれたデジタル構造改革は、行政手続のデジタル化を推進する「行政のデジタルシフト」、デジタル化について各局がスタートアップと協働する「オープンガバメント」、ペーパーレスやはんこレスなど「ワークスタイルイノベーション」を柱に進められてきています。デジタル化を通じて行政サービスのインフラ、職場、組織編成、および住民サービスそのものをすべて改編することが、構造改革とされています。かつて構造改革はNPMに代表されるガバナンスの改革を意味していましたが、現在の都政においては構造改革の意味が変容しています。

　第1に、デジタル化は都の成長戦略でもあり、それを担う民間企業との連携強化が推進されるということです。デジタル化を通じた新たな市場開拓を担う企業と連携することが、構造改革の柱となっているのです。

　第2に、このデジタル化を軸とした改革の中で、都民はもっぱらサービスの「ユーザー」としてのみ位置づけられています。都が強調する「ユーザーとの対話」とは、各種手続のユーザーレビュー機能を充実させることや、サービス開発の際のユーザーテストの実施などであり、都民は主権者ではなく、市場における受動的な消費者として位置づけられています。デジタル情報にアク

セスできない都民は、対話の対象にすらならないということです。都の戦略に都民の情報格差をケアする視点はありません。

　第3に、都の構造改革においては、住民参画や住民の要求をサービス改善に反映させる仕組みについては何も語られません。「未来の東京」戦略をふくめ、小池都政の政策が住民参加や住民自治について全く触れていないことは一貫しています。住民参加なきデジタル化は、都政の透明性、公開性、都民との双方向性を後退させ、住民自治を空洞化させる危険性があります。

## ◆経済成長・都市開発優先から福祉・環境保全・住民自治重視への転換を

　1章2で述べるように、東京都にはほかの自治体にはない潤沢な財源があります。しかし、小池都政が掲げる政策では、その財源はもっぱら再開発やGX、DXへの「投資」に向けられ、都が提供してきた福祉や医療、行政サービスは統合され外部化されていきます。これらの財源を用いて、都民の暮らしを支える福祉や医療の直営サービスの充実、公立保育園の増設、給食費など学校教育にかかる費用の無償化、障害福祉の充実などを進めることが求められます。また、金融業界や不動産業界のために巨大再開発を進めるのではなく、住民の生活空間を重視し$CO_2$を排出しない持続可能なまちづくりを進めるべきです。巨大開発をやめることが重要な気候変動対策であり、一極集中の解消にも貢献します。何より都政の改革は、住民自治によって進められるべきです。各政策領域や各地域における都民の声をきめ細かく聞きながら政策を進めることが必要です。発展の目覚ましいデジタルツールもそのためにこそ用いられるべきでしょう。

# 2 東京都の財政力を医療・福祉・教育・暮らしの向上に活用しよう

東京都の財政規模は大きく、豊かです。東京都が毎年度公表している「東京都の財政」によると、2022年度の一般会計の予算規模は7兆8010億円であり、一般会計に特別会計と公営企業会計を合わせた都全体の予算規模は、15兆3939億円（単純合計）でした。これは「スウェーデンなどの国家予算とほぼ同じ予算規模」だといいます。また東京都は、都道府県のなかで、唯一、地方交付税交付金を国からもらわない「不交付団体」です。ですから税収だけで運営できる自治体です。

どれほど豊かな財政なのでしょうか。東京都の財政力を過去から蓄積された「ため込み」の面から、概観してみましょう。注目するのは、貸借対照表という資産（財産のこと）、負債、正味財産の一覧表です。資産には、金融資産、不動産を始めとする固定資産、貸付金などの権利があります。俗にいうモノ、カネ、権利です。負債の主なものは都債、退職給与引当金です。正味財産とは、資産から負債を引き算した差額のことで、都民や企業が支払った税金や負担額が資金の出し手です。資料は、東京都が毎年9月に公表している『東京都年次財務報告書』です。最新版は、2023年9月の2022年度のものです。

## ◆巨大化する資産、正味財産──全体貸借対照表から

このなかに全体貸借対照表が載っています。「全体」というのは、一般会計、特別会計、公営企業、政策連携団体、地方独立行政法人を含んでいます。東京都の影響力が及ぶ範囲を含めた、企業でいう連結の貸借対照表です。全体貸借対照表によると、2022年

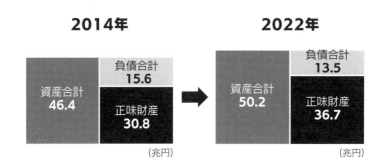

度末の資産（財産）の合計額は、50兆1946億円、負債の合計額は
13兆5073億円、引き算をした正味財産の合計額は36兆6873で
す。東京都の資産は50兆円とされていますが、資産のうち土地は、
時価評価をしていないはずなので、土地には相当の含み財産があ
るはずです。その分、正味財産も増えたはずだということになり
ます。

　8年前、2014年度末の全体貸借対照表によれば、資産合計は46
兆4396億円、負債の合計は15兆6003億円、正味財産純資産の合
計は30兆8392億円でした。8年間に資産が3兆7550億円増えて、
負債が2兆930億円減って、正味資産が5兆8481億円増えたこと
がわかります。正味資産の伸び率は、なんと19％です。8年間で、
都民などがお金を出して、正味財産を増やしてきたことがわかり
ます。東京都に蓄積されていく財政力は、どんどん大きくなって
いるのです（図表1）。

#### ◆金融資産5兆円超は多すぎ──普通会計貸借対照表から

『東京都年次財務報告書』には、普通会計の貸借対照表も載って
います。「普通会計」とは、総務省が全国の自治体について、地
方財政状況調査を行うために設定した統一的な会計の区分です。

東京都についていえば、一般会計と14の特別会計（特別区財政調整会計、地方消費税清算会計、公債費会計など）を含み、3の特別会計（国民健康保険事業会計、と場会計、都営住宅等保証金会計）と公営企業会計は含みません。

　普通会計貸借対照表の資産（財産のこと）の項目をみていくと、2023年3月末に金融資産が5兆520億円あることがわかります。内訳は、現金預金5908億円、積立基金4兆2223億円、有価証券2389です。積立基金には、財政調整基金、減債基金、その他特定目的基金、定額運用基金の4種類があります。ここでいう金融資産とは、現金・預金、有価証券の類い、広い意味で「お金」のことであり、貸付金や出資金は含んでいません。

　普通会計の歳入のうち、税収が6兆1869億円ですから、金融資産5兆520億円というのは1年間の税収額の82％にあたります。この金額は、「余裕がある」の範囲を超えて、「余っている」とか「だぶついている」とかの表現のほうが当たっているようにみえます。

### ◆金融資産の額は増えています。2017年度は5兆2928億円に

　これらの金融資産が増えてきた経過は、総務省・地方財政状況調査のホームページ（e-Stat）にあるデータベースやエクセル資料から取り出すことができます。現金預金、4種類の積立基金、有価証券が増えてきた経過をまとめると次のグラフになります（図表2）。

　2013年度から2017年度までのわずか4年間に、金融資産の合計額は、3兆4559億円から5兆2928億円に、1兆8369億円増えました。1年あたり平均では、なんと4592億円ずつ増えてきたことがわかります。

### ◆金融資産が減ったのは2018年度と2020年度だけです

　2018年度は、普通建設事業費が急増しました。2018年度の普

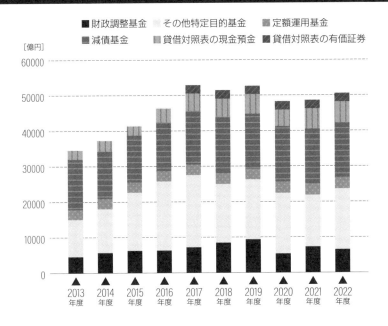

通建設事業費は1兆4745億円と過去最高となり、前年の2017年
度に比べて6593億円増加しました。オリンピックや再開発の流
れのなかで急増したのです。それでも金融資産は、1496億円し
か減りませんでした。一般財源が豊かだったからです。

　2020年度は、コロナ対策費として1兆7406億円が支出されま
した。このうち都財政からの支出は、9508億円でした。東京都は、
やりくりをした結果、金融資産は、4411億円しか減りませんで
した。

　東京オリンピック準備・開催とコロナ感染がほぼ同時に進行し
たことは、未曽有の緊急事態であったと言えるでしょう。しかし
2021年度、2022年度は、再び増勢となり、2022年度末の金融資
産額は、再び5兆円を超えています。過去最高の2017年度から
わずか2400億円減の水準に迫っているのです。

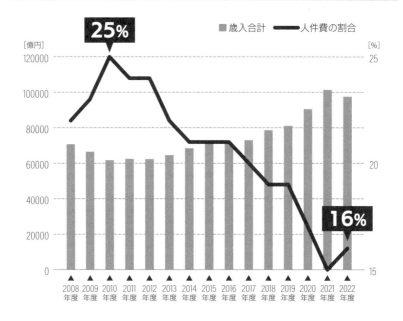

図表3 ●歳入と人件費が占める割合の推移

25%

16%

■歳入合計　━━人件費の割合

[億円]
120000
100000
80000
60000
40000
20000
0

[％]
25

20

15

2008年度 2009年度 2010年度 2011年度 2012年度 2013年度 2014年度 2015年度 2016年度 2017年度 2018年度 2019年度 2020年度 2021年度 2022年度

## ◆金融資産が増え続けるのは、歳入増のなかで、人件費が減っていること

　東京都の普通会計の歳入は、2010年度を底に順調に増え続けました。2020年度、2021年度は、コロナ対策関連で、国庫支出金や都債発行が増えたことにより、急増しました。2022年度は、税収増もあって、高い水準を保っています。

　歳入規模が増大する一方、歳入に占める人件費の割合は下がっています。2010年度は25％でしたが、2021年度には15％にまで下がりました（図表3）。

　金額としての比重は低いですが、公債費も、2008年度には8206億円であったものが、2013年度5449億円、2022年度3836億円と減ってきています。公債費とは、借金である都債に係る経費です。歳入が増える中で、人件費や公債費が減ってきたことが、

金融資産を増やしてきたのです。

## ◆東京都職員のいない都政がもたらすこと

　自治体の財政では、人件費を財政硬直化の原因などと目の敵にし、劇的に減らしてきました。東京都では民営化や民間委託、区市町村への事業の移管などにより東京都が担うべき行政範囲を縮小してきました。都庁の行政マンを減らし、身分が不安定な会計年度任用職員を増やしてきました。その結果、都民に対する行政サービス・公的サービスの水準は大きく低下しています。人を減らすことは、行政の現場が空洞化することです。金融資産が増えることは、都政が空洞化していることの結果です。

　小池都知事は、2023年度予算に、18歳までの子供に一人当たり毎月5000円の給付を行う「018サポート」を1260億円計上しました。これも比較的、人手のかからない施策です。申請していない家庭もあり、200億円程度余るようです。

　みるべきは1260億円という金額の大きさが、ここで取り上げた金融資産の総額と増え方、普通建設事業の増加額、コロナ対策費の負担額、歳入全体の推移、人件費の抑制や公債費の減り方から見て、さほどの金額ではないことです。東京都の財政力を医療・福祉・教育・暮らしの向上に活用することを考えましょう。

【参考文献】
安達智則・鈴木享子・野中郁江『ゆたかな財政の活用で取り戻そう！　私たちの東京』（2024年4月、旬報社）

# 3 東京都は何に お金を使ってきたのか
## 各基金の増減から見る小池都政

### ◆都の「貯金」は大きく取り崩し

　2020年東京オリンピック・パラリンピック大会開催から3年が過ぎ、24年パリ五輪・パラリンピック大会が7月に開幕する。新型コロナウイルス禍で開催を強行した東京大会は日本社会に精神的・金銭的な傷跡を残した。開催都市の都の財政、中でも家計の預貯金に相当する基金の新年度残高は、米リーマン・ショックが起きた08年度の水準を下回る見通しだ。

　都道府県で唯一、国から地方交付税を交付されていない東京都は、政治・経済の中心地として企業の本社が集まり、法人二税（法人住民税・法人事業税）が税収を支える。この2〜3年の企業の堅調な業績に支えられ、24年度の法人二税の税収は前年度比4.2％増の2兆3016億円を見込む。これは過去最高となる都税収入6兆3865億円の3分の1以上を占め、全国一の強固な財政基盤を支えている。

　反面、景気変動の影響を受けやすい財政体質にあり、08年の米リーマン・ショック後の景気悪化や20年の新型コロナ禍で法人税収は急激に落ち込んだ。こうした事態に対応するため、都は基金を積み上げることで年度間の財源調整機能を高め、持続可能な財政運営に役立ててきた。都は「一般家庭の貯金に当たるもの」として基金を位置づけ、年度末決算で余った資金などを積み立てる「財政調整基金」をはじめ、東京2020大会に備えた「東京オリンピック・パラリンピック開催準備基金」のような特別な事業のための特定目的基金などを設立してきた。

「普通会計(一般会計及び収益事業会計や国民健康保険事業会計を除く特別会計)」ベースでみると、基金総額は景気動向や都の歳出によって増減を繰り返している。

特定目的基金のうち、「社会資本等整備基金」は24年度末2394億円を見込む。都市交通基盤整備や福祉基盤整備など社会資本整備の資金に充てられる。

## ◆オリンピックに1兆2000億円

だが、ここ20年で突出していたのは、「東京オリンピック・パラリンピック開催準備基金」だ。オリンピックのために06年度から多いときは1000億円超単位で毎年度積み立て、当初の開催予定3年前の17年度に最高5140億円に達した。積み立ては五輪・パラリンピック終了後の22年度まで行われ、14年度からは同時並行で取り崩しが進み、開催準備基金は22年度末に4億円余りを残し、23年度に廃止された。22年度からは東京2020大会に向けて進めてきた取り組みを「都市のレガシーとして発展させ、都民の豊かな請託につなげていく」として、「東京2020大会レガシー基金」を1500億円で創設した。

特筆すべきなのは、開催準備基金の取り崩し総額だ。実に8065億円にのぼる。これは大会組織委が22年に公表した開催経費のうち、都の負担額5965億円をはるかに上回る。

開催経費については、組織委が直接経費と関連経費を分けて計上し、少なめに算出されているとの批判があった。実際、会計検査院は国の負担額について、組織委が公表した2.5倍の4668億円と指摘した。国立競技場建設に伴う調査費や周辺施設の移転費用、日本代表選手の強化費用などを含めていないとしたためだ。

開催準備基金の取り崩し総額には、大会経費の直接経費だけでなく、間接経費も含まれており、組織委の公表額が抑制的であることをいみじくも示した。

一方、特定目的基金の残高は知事の施策、方針に大きく左右される。

　開催準備基金の場合、東京五輪・パラリンピックの招致活動を始めた石原慎太郎知事（当時）が肝いりで創設した。

「防災街づくり基金」は14年度に創設。桝添要一知事（当時）が東京五輪・パラリンピックに向け、木造住宅密集地域の不燃化や建物の耐震化をうたった。15年度に「水素社会・スマートエネルギー都市づくり推進基金」「人に優しく快適な街づくり基金」「芸術文化振興基金」「おもてなし・観光基金」、16年度に「障害者スポーツ振興基金」も設立され、これらは五輪・パラリンピック関連での活用を都はうたった。これらは22年度末までに総額4903億円を基金から取り崩しており、五輪・パラリンピックの実質的な都の開催費用は単純計算で特定目的基金だけでも1兆2000億円を上回る。

　このほか、小池百合子知事が16年の初出馬の際に掲げた「東京都の無電柱化」にからみ、都は16年度に「無電柱化推進基金」を700億円で創設した。17年9月からは「東京都無電柱化推進条例」を施行し、なみなみならぬ意欲を示した。ただ、当時から無電柱化は区や市町村の負担なしには進まず、数兆円規模の費用が必要との指摘もあった。無電柱化が大きく進むこともなく、都は22年度に無電柱化推進基金を廃止した。

　同時期に廃止した基金は、防災街づくり基金、人に優しく快適な街づくり基金、芸術文化振興基金、おもてなし・観光基金、障害者スポーツ振興基金がある。小池知事や都にとって五輪・パラリンピック向けの財布として用済みということだろう。

　都の預貯金として最も重要であり、使い方の自由度も高い財政調整基金は23年末残高が6001億円にのぼる。19年度末に9344億円だった積立額の3分の2に及ばない。近年の企業業績の堅調

による税収増に伴う機械的な積立額増にも関わらずだ。

## ◆新型コロナで基金枯渇寸前に

原因は新型コロナ禍による都財政の急激な悪化だ。

医療体制や中小企業支援、雇用対策などで都は2兆円を超える負担を強いられた。新型コロナ禍で税収が急減したこともあり、財政調整基金を取り崩さざるを得なかった。このため、21年5月には財政調整基金の残額が20億円まで減少した。ワクチン接種など未曾有の対応を迫られたとはいえ、都の財政の持続可能性が疑われる寸前まで追い詰められた。改めて、都の預貯金である基金の重要性を示した形だ。

ただ、都知事選が予定される24年度という政治状況を受けてか、都は基金の大幅取り崩しを予定している。都は24年度予算で過去最高の8兆4530億円を計上。私立高校授業料実質無料化など子育て支援をはじめ、高齢者支援や防災強化などを盛り込んだ。

小池知事は年初の記者会見で基金の積極活用などで財源確保をうたい、「強靱で持続可能な財政基盤の堅持を続けたい」とした。財政調整基金にこそ手をつけないものの、特定目的基金や国の交付金等により積み立てた基金から総額7001億円を取り崩す方針だ。

主な内訳は「東京都強靱化推進基金」の1930億円を筆頭に、「社会資本等整備基金」が1571億円、「福祉先進都市実現基金」が1125億円、「ゼロエミッション東京推進基金」が649億円、「スマート東京推進基金」が578億円、「東京2020大会レガシー基金」が471億円。残額が23年度末の半額以下になる基金も少なくない。

この結果、普通会計ベースの24年度末の基金残高は前年度末比29.7パーセント減の1兆5813億円の見込みだ。これは金額で米リーマン・ショック時の水準を下回るだけでなく、米リーマン・

ショック後の景気悪化による08 〜 11年度の減少幅22.8％を超える。

　日本経済は緩やかな成長にあったが、23年7〜9月期の実質国内総生産（GDP）成長率はマイナス成長、10 〜 12月は0.1％増の低成長だった。米国や欧州はインフレの影響で経済減速が迫っている。中国も不動産バブル崩壊をきっかけとした景気悪化に陥っており、世界的な景気後退のリスクはくすぶったままだ。都の預貯金である基金を大きく減らすと、将来の危機対応の余力は乏しくなる。

　都の財政は1990年代に税収不足から都債発行を増やし、単年度で1兆円を超えたこともある。財政再建を進め、2010年代からようやく毎年の発行額を2000億円以下に抑え、発行残高を3兆円台に減らしてきた経緯がある。

　現在はインフレによって税収は上がる一方、家計は実質賃金のマイナスに苦しみ、税や社会保障費の負担が重い。せっかくの法人税収増で改善されてきた都財政は、無駄な歳出を抑え、可能ならば減税することが求められる状況だ。基金の大幅取り崩しの前に、歳出の緻密な検証が求められる。

# 2024年度 東京都予算

『人』が輝く、国際競争力強化、安全安心の
3つの観点と持続可能な財政運営で
胸を張るが、露骨な人気取り予算の羅列

　24年度都予算は、「東京・日本の輝かしい未来を切り拓くため、産業や経済、社会の構造転換に挑み、一人ひとりが輝く明るい『未来の東京』を実現する予算」と位置付けられ、『人』が輝く、国際競争力強化、安全・安心の3つの観点から、大胆な施策に積極的に財源が振り向けられ、一般会計8兆4530億円（前年度比5.1%増）、全会計で16兆5584億円の規模です。

　「ワイズ・スペンディングの観点から、無駄をなくす取組を徹底、政策評価・事業評価に、新たに都と政策連携団体のグループ連携事業評価実施など施策の新陳代謝を一層促進、事後検証の徹底で1266億円の財源確保。『基金』を施策推進に積極的活用も一定残高を確保。都債は計画的に活用し、着実に減少、「持続可能な財政運営」と小池知事は24年1月26日の記者会見で胸を張りました。

　少子化対策と共生社会の支援として、特に、子供の笑顔があふれる都市実現と、子育て世帯支援の「018サポート（月額5千円給付）」を継続。さらに、国に先行して学校給食費負担軽減に取組む区市町村に、渋々半額を都が負担とし、都立大学、高校等授業料への親の所得制限撤廃などで、子供たちが安心して学べる環境実現と説明しました。

　しかし、誰もが輝き、自分らしく活躍できる共生社会としては、アクティブな高齢者を後押しとする「プラチナ・キャリアセンター」を新設する一方、介護事業所に、職員1人当り月額2万円の処遇改善支援で、介護人材対策を充実というものの、厳しい人材不足の介護現場の現状からすれば極めて少ないものです。また、国民健康保険や

高齢者医療制度への都補助金もまったく不十分なものです。

**図表◉小池都政 24 年度予算体系（都 2024 予算資料より）**

## ◆ 令和6（2024）年度予算の体系（主要な施策は39ページから）

### Ⅰ 誰もが輝き、自分らしく活躍できる共生社会

| | | | |
|---|---|---|---|
| 1 | 高齢者が自分らしく活躍できる社会の実現 | 880億円 | （+374億円） |
| 2 | 女性が自分らしく輝く社会の実現 | 219億円 | （+95億円） |
| 3 | 障害者等がいきいきと暮らせる社会の実現 | 1,371億円 | （+244億円） |
| 4 | 誰一人取り残さない社会の実現 | 402億円 | （+85億円） |

### Ⅱ 子供の笑顔があふれる都市

| | | | |
|---|---|---|---|
| 1 | 安心して子供を産み育てることができる社会の実現 | 5,633億円 | （+1,096億円） |
| 2 | 未来を切り拓く人材の育成 | 2,927億円 | （+430億円） |

### Ⅲ イノベーションを巻き起こす金融・経済都市

| | | | |
|---|---|---|---|
| 1 | 世界経済を牽引する都市の実現 | 247億円 | （+94億円） |
| 2 | 中小企業・地域産業の活性化 | 4,766億円 | （+489億円） |

### Ⅳ 多彩な魅力にあふれ、世界から選ばれる都市

| | | | |
|---|---|---|---|
| 1 | みどりと生きるまちづくり | 779億円 | （+198億円） |
| 2 | 便利で快適な東京の実現 | 3,412億円 | （+142億円） |
| 3 | 世界を惹きつける魅力にあふれた都市の実現 | 665億円 | （+124億円） |

### Ⅴ 世界一安全・安心で強靱な都市

| | | | |
|---|---|---|---|
| 1 | ＴＯＫＹＯ強靱化プロジェクトの推進 | 7,609億円 | （+251億円） |
| 2 | 安全・安心なくらし | 1,365億円 | （+226億円） |

### Ⅵ 気候危機へ立ち向かい、脱炭素化を加速

| | | | |
|---|---|---|---|
| 1 | 再生可能エネルギー等の拡充 | 1,970億円 | （+1,006億円） |
| 2 | 水素エネルギーの社会実装に向けて取組を加速 | 203億円 | （+89億円） |
| 3 | 持続可能な資源利用と良質な都市環境の実現 | 55億円 | （+40億円） |

Ⅶ 「スマート東京」「シン・トセイ」の推進

Ⅷ 多摩・島しょの振興

## ◆スタートアップ支援、「東京グリーンビズ」を重視

　女性が自分らしく輝く社会実現のため起業をめざす女性には、資金調達、事業計画作成のサポートを行います。

　また、イノベーション創出、スタートアップ企業の後押しのために24年5月に本格稼働する「Tokyo Innovation Base」を結節点・拠点としたネットワーク構築で、成長が新たな成長を生むという持続可能なエコシステムを創出します。新たに300億円規模の官民連携ファンドを組成、社会課題解決につながるスタートアップを資金調達の面から支援します。

　そして、世界から選ばれる都市実現の取組として、「東京グリーンビズ」を強力推進。屋敷林など身近な緑保全の特別緑地保全地区指定を促進。加えて、イベント、マップ作成など緑に親しんでもらうムーブメントを展開。東京が誇る食の魅力の発信、問題あるデジタル技術など活用した「ナイトタイム（夜間市場）」を通じ、東京のプレゼンスを高めるとしています。

## ◆脱炭素化・気候変動対策には不十分さも

　脱炭素化加速に向けでは、水素を「つくる」・「はこぶ」・「つかう」を最重視して、施策を強化。臨海部都有地に、グリーン水素製造施設整備ほか、水素エネルギーの社会実装に向けての課題となる運搬・貯蔵技術開発と燃料電池トラック購入費補助を新設しました。

　そして、廃食用油等を原料としたＳＡＦ（サフ、持続可能な航空燃料）の利用促進に取組み、都内企業がＳＡＦ使用の航空貨物輸送した場合、輸送料の上乗せ分を支援し、サプライチェーンを含めた脱炭素化を進める方針としています。

## ◆都営麻布十番駅に、弾道ミサイル「シェルター」新設

　世界一安全安心で強靭な都市の実現に向けて、アップグレードした「TOKYO強靭化プロジェクト」に基づき、住宅耐震化、市街地不燃化推進のほか、マンションの災害対応力を強化し、「東京とどまるマ

ンション」の普及促進に向け、防災訓練を地域とともに行う場合に防災備蓄などに係る費用全額を支援するといいます。

　また、犯罪から暮らしの安全を守るため、防犯カメラ新設など地域の見守り活動の支援を拡充。加えて、弾道ミサイル飛来に備え、都営麻布十番駅に併設された防災倉庫を活用して、避難施設のモデル整備を進めるといいます。

### ◆「スマート東京」、「シン・トセイ」＝都庁の構造改革推進

「スマート東京」、「シン・トセイ」政策推進で、新たに民間決済事業者を活用したデジタル通貨プラットフォーム「Tokyo Tokyo Point（仮称）」を構築、施策推進のインセンティブとして活用するなどスマートサービスの実装など都庁の構造改革を一層進めるといいます。

　また、多摩・島しょで、地域と交流できるワーケーション体験ツアーのほか、島しょへのクルーズ船の寄港、多摩への誘客に向け、訪れたい地域としてのブランディングを展開します。

　しかし、財政支援の市町村総合交付金は拡充するも、都との「政策連携」や区との「格差」を再認識するものとなりました。

　そして、「東京が何をすべきなのか、為すべきことは何なのかを考え抜いたのが、この戦略であり、それを実行せしめる予算です。時代の節目である今こそ、掲げた数々の政策についてスピード感を持って実行する。そして、世界から憧れられる東京を創り上げたい」と小池知事は語ります。「稼ぐ力」重視・大企業と富裕層優遇の都政への変革に意欲満々の予算です。

# 2

# 加速する都市再開発と
# 住みにくくなる東京

●本章では主に東京の都市再開発に焦点をあて、東京がいかに企業優先の都市に変貌しようとしているかを明らかにする。またそうした企業優先の都市再開発の中で自治がいかに後退しているのかもあわせて明らかにする。

●現在、東京では、公共施設の再編・統廃合、PPP/PFIの推進によって住民自治の拠点が失われつつあり、また人口の東京一極集中によって防災対策そのものが困難になっている。その背景には国家戦略特区などによる東京都心部の再開発によって企業の集積が進んでいることがある。その典型が明治神宮外苑再開発や臨海部開発である。また東京やその周辺には横田基地をはじめ米軍や自衛隊の軍事基地が配備されており、その存在がPFASなど新たな問題を生んでいる。

# 1 明治神宮外苑の再開発問題

## ◆はじめに

2023年9月、ICOMOS（国際記念物遺跡会議）から、明治神宮外苑再開発計画の撤回を求めるヘリテージ・アラートが発出されました。「再開発において計画されている3棟の高層ビルの建設と、既存の野球場とラグビー場の新球場への建て替え・移転は、過去100年にわたって形成され、育まれてきた都市の森を完全に破壊することにつながる」とアラートは警告しています。実際、この再開発によって、3000本以上の樹木が伐採されることになります。

問題の根源は、明治神宮外苑という都市計画公園を対象に再開発がなされることにあります（図表1）。これまでの、都市計画公園を維持する都市計画から、それを潰す都市計画へ転換するわけですから、矛盾が噴き出すのは当然といえます。

この公園を破壊する再開発は、3つの都市計画手法によって組み立てられています。「公園まちづくり制度」、「再開発等促進区を定める地区計画」（以下再開発等促進区と略記）、「市街地再開発」の3つです。

以下、これらの手法に即しながら、明治神宮外苑再開発の問題点を明らかにしたいと思います。

## ◆「公園まちづくり」制度で公園つぶし

神宮外苑地区は、都市計画公園であり、再開発など考えられない場所です。実際、これまで、風致地区や高度地区など、厳しい開発規制がかけられ、高さは15mに、容積率の最高限度も200%に抑えられてきました。再開発の余地など1ミリもありません。

注）1. 三井不動産の HP の図をベースに作成
　　2. 図には、「100 年の歴史を継承し、スポーツと緑を楽しめる空間へ」という
　　　キャッチコピーが書き込まれている。
　　3.（　）の数字は、建物の高さの最高値を示す。

　しかし、この都市計画制限は「見事」に突破されてしまったのです。そのしかけが、「公園まちづくり制度」と「再開発等促進区」という都市計画制度です。

　公園まちづくり制度は、2013年に、東京都が、要綱によって、独自に創設したものです。センター・コア・エリア（おおむね首都高速中央環状線の内側の地域）という、「都市開発ポテンシャルの高い地域における未供用区域を対象に、まちづくりと公園・緑地の整備を両立させる仕組み」と説明されていますが、「再開発によって、公園をつぶす仕組み」にほかなりません。

　これを使えば、公園の一部を都市計画公園区域から外すことができるのです。神宮外苑地区では、図表2のように、秩父ラグビー場が未供用区域とみなされ、公園区域から外され、形と位置を変えて、公園除外区域とされました。この区域に、超高層ビルが建てられるのです。

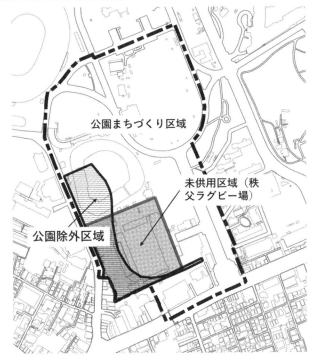

公園まちづくり区域

未供用区域（秩父ラグビー場）

公園除外区域

注）「神宮外苑地区公園まちづくり計画 公園まちづくり計画提案書」（三井不動産他、2020 年）より作成

## ◆超高層ビル建設を可能にした「再開発等促進区」

　再開発等促進区は、バブルの絶頂期の 1988 年に創設され、当時、最強の都市計画規制緩和制度といわれていました。これをかければ、既存の都市計画規制を無視して、容積率や用途等、都市計画の規制緩和をおこない、また、地区計画等と連動して、風致地区や高度地区の規制をも撤廃することができるからです。

　外苑地区では、ほぼ全域が、再開発等促進区に指定されました。これにより、高さ規制が撤廃され、さらに、超高層ビルが建設される公園除外区域や伊藤忠のビル用地の容積率の大幅な引き上げ

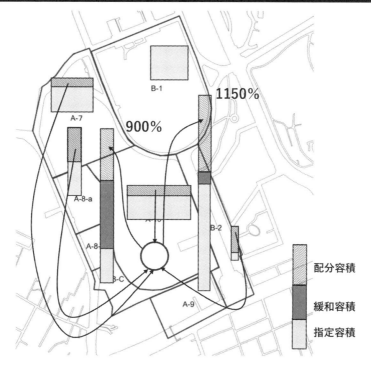

注）1.「東京都市計画神宮外苑地区再開発等促進区を定める地区計画企画提案書」
（三井不動産他、2021年）より作成
2. 矩形の横幅は、敷地面積を、縦幅は容積率を示す

が可能になりました。それは、単なる容積率の緩和によるだけでなく、公園区域内の使われない容積をこれらの区域に移すことによって実現されるのです（図表3）。

容積率の規制緩和は、土地の上下の利用可能な空間を拡大することを意味しますが、それが、土地権利者の私有財産と見なされ、権利者間でやりとりされるのは、本来、あってはならないことです。都市の空間価値は、都市全体によって創り出されたものであり、したがって、それは全市民に帰属するものであるからです。

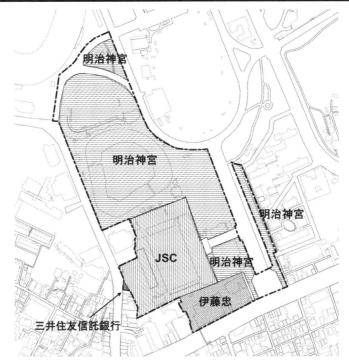

注）前掲「公園まちづくり計画提案書」その他の資料より作成

## ◆都市計画事業ではない神宮外苑再開発

　公園まちづくりと再開発等促進区によって整えられた計画的枠組の下で、公園の整備がなされるわけですが、その役割を担うのが市街地再開発です。これは、一般にイメージされているような、広い意味での再開発ではなく、都市再開発法にもとづく、限定された意味での再開発です。

　神宮外苑の市街地再開発は、施行地区面積17.5haという、極めて稀有な巨大再開発ですが、三井不動産を代表とする個人施行としておこなわれます。権利者は、明治神宮、JSC、伊藤忠の三者（このほか、三井住友信託銀行が、200㎡所有）です（図表4）。

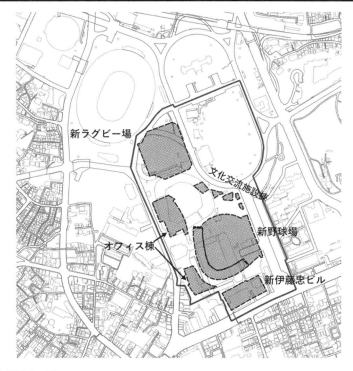

注）図表2に同じ

市街地再開発では、権利変換という独自の手法が使われます。各権利者の土地・建物の価値を、等価交換によって、新たに建設されたビルの床に移し替えるのです。神宮外苑再開発では、ラグビー場と野球場の位置の入れ替え、容積の再配分等、大きく権利の組み換えがなされますが、これらは等価交換の原則にもとづく権利変換によって遂行されるわけです（図表5）。

神宮外苑市街地再開発事業は、都市計画事業としては行われていないと言えば、驚かれるに違いありません。個人施行の再開発の場合、必ずしも都市計画決定をする必要はないという都市再開発法の規定を悪用したのです。しかし、そもそも、こうした巨大

で、しかも、都民の大切な共有財産である神宮外苑という都市計画公園のありかた、目的をも大きく変える事業ですから、都市計画事業として施行するのは、当然のこといえます。では、なぜ、事業者は、これを拒んだのでしょうか。それは、住民から反対の声があがることを恐れたからに他なりません。都市計画事業として施行する場合には、縦覧、意見書の提出、都市計画審議会の審議と議決を経なければなりませんし、公聴会の開催も求められます。これらは、法で保障されている最低限の住民参加のしくみに過ぎませんが、こうしたプロセスを通じて、外苑再開発の問題が明るみに出ることを恐れたのです。

　実際、もし、都市計画事業として施行しようとすれば、直ちに法との齟齬が明らかになります。たとえば、神宮外苑再開発が、「土地の合理的かつ健全な高度利用と都市機能の更新とを図り、もつて公共の福祉に寄与する」（都市再開発法１条）という、再開発の目的に合致するものかどうかが、疑われます。神宮外苑は都市計画公園であり、「高度利用」などは目指されていないからです。当然のことながら、法が具体的に定める、施行地区の要件にも反することにもなります。たとえば、神宮外苑が、その１つの要件、「当該区域内の土地の利用が細分されていること等により、当該区域内の土地の利用状況が著しく不健全であること」に合致するなどとは、とうてい言えないのです。

　さらに言えば、神宮外苑市街地再開発が都市計画決定の手続きをみていないということは、都市計画法がその目的に掲げる、「公共の福祉」、つまり公共性が公式には承認されていないことを意味します。都民の貴重な財産である神宮外苑で、単なる営利事業としての再開発が行われることは、許されるべきではありません。

### ◆事業認可は適法か

　今見たように、当再開発は、都市計画決定手続きがサボタージュ

されたため、いきなり、都知事による事業認可によって実施されることになりました。しかし、どう見ても、都市再開発法の定める、施行認可の条件満たしているとは言えません。たとえば、施行地区にかかわる認可要件の1つ、「当該区域内に十分な公共施設がないこと、当該区域内の土地の利用が細分されていること等により、当該区域内の土地の利用状況が著しく不健全であること」といった条件を満たしているとはとうてい言えないからです。したがって、神宮外苑市街地再開発の事業認可は違法であり、これを認可した小池都知事の責任はきわめて大きいといえます。

### ◆都市計画手続きの形骸化

最後に、神宮外苑再開発のゆゆしき問題として、要綱、基準、指針、技術的助言といった、法ではなく、行政が定めたルールによって、都市計画が大きくゆがめられている点を指摘しておきたいと思います。

たとえば、神宮外苑再開発で、都市計画公園はずしをおこなった「公園まちづくり制度」は、法ではなく、東京都の内部的な取り決めである「要綱」にすぎません。これにより、都民の貴重な共有財産をつぶすことは許されてはならないことです。

また、外苑再地区の環境を守ってきた風致地区による厳しい規制は、2000年に制定された「東京都風致地区条例に基づく許可の審査基準」により、崩されていきました。その条例にある但し書き、すなわち、「当該建築物の敷地について風致の維持に有効な措置が行われることが確実と認められる場合……この限りでない」（東京都風致地区条例第5条第1項五号）の恣意的解釈により、審査基準を大幅に緩和し、再開発への道を開いたのです。

最後に、もう1つ、「東京2020大会後の神宮外苑地区のまちづくり指針」についてふれておきたいと思います。

これは、神宮外苑再開発の決定前に策定され、都市計画決定・

再開発の事業認可は、この指針を基準にしてなされました。一見すると、行政が、都市計画の公共性を担保するために、事業者を厳しく指導していく姿勢をとっているかに見えます。「適正な手続きで進めています」という小池都知事がくりかえし発言しているのはこのためです。しかし、実際は、その逆です。方針が策定されたのは、2018年ですが、すでに、その数年前から、地権者の間で、開発構想が練られ、「神宮外苑地区(b区域)まちづくり基本計画の検討に関する合意書」(2015年)も交わされていました。「指針」は、それをなぞらえて作成されたにすぎず、一部、文言まで同じというありさまです。

　これでは、事業者の計画を追認することになり、むしろ、それに、お墨付きをあたえるために作成されたのではないかと疑われます。

　神宮外苑問題の根底には、こうした、都市計画における企業支配のしくみがあることを見落としてはなりません。それを打ち破っていくには、開発の構想段階からの住民参加、情報公開を拡充させていくことが不可欠です。現在の、まちづくり運動の最重要課題といえると思います。

**【参考文献】**
岩見良太郎「都市を壊す「神宮外苑再開発」──その欺瞞のしくみ」『ランドスケープデザイン』151 号（2023 年 8 月、マルモ出版）

# 2 臨海部開発
## オリンピック晴海選手村、カジノ誘致

### ◆はじめに・臨海部開発の変遷の概略

1967年に誕生した美濃部革新都政は、都民の憩いの海を奪って埋め立てた広大な埋立地を都民に返すと言って海上公園構想を1970年に策定し多くの海上公園を整備しました。都民や港湾に働く人々の憩いの場所となり、今も臨海部に潤いを与えています。またこれら埋立地を将来の都民のためにと言って開発を抑制してきました。

その後自民党都政に代わって広大な埋立地は、ゼネコンはじめディベロッパーの狙うところとなり、その手はじめが鈴木都政の第7番目の副都心と称した臨海副都心建設でした。また、コンテナ輸送の進展で港湾物流の形態が大きく変わり、港湾周辺の倉庫や不要となった港湾施設が解体され、それに代わってマンションやオフィスビルが林立し海風を遮るヒートアイランド現象の原因となる「臨海のかべ」が形成され環境を悪化させています。

鈴木都政以降、石原から今日の小池に至るまでも開発優先の都政は変わるどころか一層拍車がかかっており、いまなお残る臨海部の広大な都有地が狙われています。

### ◆五輪選手村整備を名目に9割引の都有地投げ売り

2020オリンピックの競技会場の多くが臨海部の空き地に求められました。そして選手村建設が更地のままの晴海埠頭に建設されることになりました。

オリンピック選手村建設と言っても大会期間とその前後含めて1年程度38億円で借りるだけで、実態は三井不動産など大手開発

ディベロッパー11社による分譲・賃貸マンションの建設に他なりません。分譲4145戸、賃貸1487戸、1万2000人が住むと想定される大規模マンション開発です。

晴海ふ頭は、銀座から3km、都営大江戸線勝どき駅から徒歩15分程度の18haの広大な都有地です。高潮・津波対策のため都が2.5m盛り土し道路、上下水道等を540億円かけて基盤整備した土地です。これだけ金をかけて整備した1等地13.4haを1㎡当たり9万6000円、相場では総額1300億円はするものを、なんと129億6000万円という相場の10分の1の超廉価で東京都は開発ディベロッパーに売却しました。

しかもこれを都議会にも財産価格審議会にもかけていないのです。地方自治法237条2項は「普通地方公共団体の財産は、条例または議会の議決による場合でなければ、――適正な対価なくしてこれを譲渡し、若しくは貸し付けてはならない」と規定しています。自治体の長である小池知事が地方自治法を守らず、秘密裏のうちに都民の共有財産である都有地をディベロッパーに投げ売りしたのです。現在住民訴訟で係争中ですが被告東京都は、都市再開発法108条2項の解釈を違えて、自治法の規定を免れるのだと主張していますが、議会に諮っていないことが適法か違法かが焦点になっています。

地権者が東京都のみでしかも更地の晴海を、普通馴染まない市街地再開発事業として開発を進めてきました。事業協力者なるディベロッパーと1年間協議し、この事業協力者がそっくり特定建築者に成り代り建築工事を受注するという怪しげな経過です。129億6000万円という譲渡価格を、不動産鑑定評価基準に則らず、価格を操作しやすい開発法という手法のみで土地価格を算出した不動産鑑定業者も含めて、都とディベロッパーの談合疑惑も追及されています。協議議事録の開示請求に対して、保存期間が

1年だから廃棄したという考えられないような理由で非開示となりました。談合隠しとかとれません。

　現在も続く住民訴訟を通じて、東京都の開発政策が都民の財産を食い物にするディベロッパーいいなりのディベロッパーファーストだということがわかりました。

### ◆IR・カジノ誘致目論みは明白

　小池知事は、今なお「国の動向を注視しながらメリット、デメリットを総合的に検討している最中です」と繰り返すばかりで、やるやらないを明言していません。どの世論調査でもカジノ反対は7割を超え、カジノ反対の候補が勝利しカジノ誘致から撤退した横浜市長選の結果を見て、来たる都知事選前にはカジノ誘致を表明することはないでしょう。

　しかし小池知事のこれまでの発言や最近のカジノをめぐる東京都の動きを見れば、スキあらば誘致を強行しようと構えていることは疑いありません。

小池知事は、自民党衆議院議員のころカジノ解禁を押し進める「IR推進議員連盟」のメンバーでした。都知事に初めて就任した早々の2016年8月、「東京に魅力をつけるためIRがあってもいい」とカジノに前向きでした。IRは「統合型リゾート」の略称で、中核はカジノです。都が設置した官民連携組織「アジアヘッドクオーター特区地区協議会」のカジノ推進3社が臨海副都心青海地区にIR提案を出しています。これはまだ具体的計画に乗せていませんが開発企業の強い要求になっています。

　2014年から毎年1000万円のカジノ調査費を計上し、内外のカジノを調査してきていますが、2020年から今年度まで4年間未執行になっています。4年も未執行なら普通財務局は切るものですが、来年度もカジノ調査費を1100万円計上しています。カジノ誘致の旗を降ろさない小池知事の強い意思の表れと見ていいでしょう。

　カジノは、他のギャンブルと比べて賭博性が強く、そのデメリットとしてギャンブル依存症、生活破たん・家庭崩壊、犯罪の温床、地域の荒廃など指摘されています。人の犠牲の上に成り立ち、何ら価値を生まないカジノを、稼ぐ東京の「成長戦略」にすることなど地方自治体がとるべきではありません。

# 3 異常な超高層ビル開発と環境破壊や財政負担の実態

　東京都では神宮外苑だけでなく「いまこのとき儲かるなら、あとは野となれ山となれ」とばかりに驚くべき都市再開発が繰り広げられています。都の都市計画審議会委員として知った異様な再開発の実態について述べます。

## ◆都立日比谷公園と内幸町一丁目北地区再開発

　公園が再開発の「タネ地」のように利用されるケースが目立っています。開園から120年を超える都立日比谷公園もその一つです。日比谷公園の南東区域に230mの超高層ビル三本、帝国ホテルも145mに跳ね上がる超大規模開発が進行中です。原発事故被災者への補償もままならない東電もどさくさにまぎれて本社を建て替えています。容積率が900％から1300％以上へと大幅に引き上げられる計画ですが、問題はその容積増加の根拠です。再開発の際の容積率増加は様々な「公共貢献」を根拠にしていますが、内幸町開発では、日比谷公園から再開発地域に延ばす「道路上空公園」（つまりは「デッキ」）建設が「公共貢献」に含まれているのです。この再開発は日比谷公園から見れば、景色に圧迫感をもたらし、陽を遮り、海風をふさぐものです。都議会で都は「公園とまちをデッキでつなぎ、公園の広場空間をまちへ広げ」ると答弁しましたが、公園を広げるのではなく、日比谷公園が民間開発の庭のように扱われるのが実態です。すでに竣工しているミッドタウン日比谷（三井不動産）のビルには、いつでもデッキを通せるようにその接続部分があらかじめ作られていました。10年以上前から、公園を使った都民無視の大規模開発が目論まれていたわけです。

## ◆都営北青山三丁目アパートの再開発

　神宮外苑から青山通りを南西に進むと4万㎡を誇る都営北青山三丁目アパートがあります。この都有地が異常な開発の「タネ地」とされました。この敷地は3つに分けられ、その3分の1の土地に都営住宅が押し込められました。高層化しますが、従前の戸数を確保できず、580戸が302戸へと激減します。実は駅前や都心の都営住宅は開発に差し出されるケースが散見されます。3つに区切った真ん中の土地には90mの民活ビルがすでに建っており、1階に商業施設、中層階に「サービス付き高齢者住宅（以下、サ高住）」、その上は賃貸マンションとなっています。この事業を担うのは「青山供創」という企業体で、構成員には神宮外苑や築地再開発でおなじみの三井不動産の名前があります。驚くべきはその月額賃料です。一般的なサ高住の月額は20万以上と安くはないのですが、ここはなんと月額90万円！さらに賃貸マンションは月額賃料が最高で200万円……。都営住宅を280戸減らすことでつくった敷地に、高額所得者しか入れない開発をさせているわけです。しかも、この土地は都が青山共創に貸し出しているのですが、その賃料が1㎡あたり月額2521円と破格の安値。残りの敷地には容積緩和で180mの超高層オフィスビルが建つ予定ですが"青山には似合わない"と地域から批判の声があがっています。都有地が露骨にディベロッパーへ差し出された事例です。

## ◆石神井公園駅南口西地区再開発では画期的な決定も

　再開発の各手法はそれまでのまちづくりのルールを無視し、住民の合意をろくに取り付けないまま「合法的」に進め、住民の立ち退きという重大な公権力の行使を企業に委ねるものです。石神井公園駅南口西地区の100m超高層ビル計画はそのわかりやすい事例です。この地域では石神井公園の風格を守ろうと、行政と住民の話し合いによって2012年、高さ制限を駅前で35m、少し公

園に近づくと25m、公園の間近で17mとする制限を設けました。ところが8年後、練馬区がこの規制をだまし討ちのようにして緩和し、103mの超高層ビル計画が持ち上がったのです。当然反対意見が殺到し、328通もの意見書が届けられます。そもそも練馬区の景観計画を紐解くと「高さ・規模」の項において「周辺の建築物群のまちなみとの調和を図り、著しく突出した高さの建築物は避ける。」「石神井公園からの眺望の中で突出しないよう高さを抑える」と明確に書いてあるのです。

　都の都市計画審議会では、まるで開発とは別案件かのように装い、駅前の小さな区域を「近隣商業地域」から「商業地域」に変更する案件が提出されますが、これもだまし討ちです。「近隣商業地域」のままだと再開発ビルによる「永久日影」（一年中、陽の当たらない区域）が認められないため、日影規制のない「商業地域」に変える狙いが隠されていたのです。隠された狙いを私は都計審で告発しましたが、他の委員は知る由もありませんでした。

　こうまでして行政とディベロッパーが結託して再開発に奔走する中、画期的なことがおきます。住民が都と練馬区を訴えていた裁判で、今年3月13日、東京地裁は5月の判決が出るまで、土地明け渡しの執行停止を決定したのです。初めて司法の場から横暴な都市再開発に一石が投じられたといえます。

◆**都市再開発のしっぺ返し──気候変動**

　需要を無視した超高層ビル建設は、気候変動問題を深刻化させます。例えば神宮外苑再開発によって生じる$CO_2$の年間排出量は4万7000t（都の年間排出量は5300万t）です。一般家庭でいうと1万5000戸＝数万人の街に匹敵する規模です。この$CO_2$を植物で吸収しようとすると、林野庁の試算では樹齢40年の杉林1万㎡が1年間に吸収する$CO_2$が8.8tなので、外苑再開発では5340ha（＝東京ドーム1136個分＝新宿区三個分）の森が必要となります。なお、先ほ

ど紹介した内幸町再開発が審議された都市計画審議会では他にも浜松町、品川、赤坂、渋谷、大井町の再開発が議題にあがり、その合計年間排出量はなんと21万7000tにも及びました。小池知事は2030年までに、温暖化ガスの排出を2000年比で50%削減と国際会議で宣言しています。ところが東京の現状は2.8%しか削減できていないのです。一方では温暖化ガス排出削減を国際舞台で華々しく約束し、他方では$CO_2$を出しまくる再開発を推進しているわけです。部門別$CO_2$排出量をみると、「産業部門」や「運輸部門」は2000年比で50%ほど抑制されているのに対し、オフィスビルやコンビニなどが含まれる「業務部門」ではほとんど減っていません。冷房などは昔より2分の1ほどまで省エネされているのに、高く大きく、たくさん建てるために数字が減っていかないのです。

## ◆都市再開発のしっぺ返し──財政負担

　自治体による補助金漬けの再開発が問題となっています。2022年度は都内の再開発を国と都、区で557億円補助しました。都はさらに再開発に伴う道路整備やデッキ建設など様々な形で再開発に税金を差し出しており、たとえば品川駅では2年間で300億近く、選手村にはこの間で370億円がつぎ込まれています。そうした額は都だけで年間500億円に達します。つまり、都内の再開発には毎年1000億円ほどの税金が投入されているのです。区市が再開発ビルのフロアーを購入している実態をみれば、再開発は税金漬けといって過言でありません。

## ◆矛盾に満ちた非民主的なまちづくりの転換を

　この10年間で100mを超える超高層ビルは137棟も建ち、200m級や300m級も増えてきました。2021年には都市計画マスタープランが改定され、開発拠点をそれまでの32箇所から85箇所と倍以上に増やしており、さらなる増加が危惧されます。

2024年度予算で気候変動対策費は2000億円と示されました。気候変動対策に力を入れる一方で、大規模な$CO_2$排出となる巨大再開発を推進するのはあまりにも矛盾しています。環境と財政、民主主義を破壊する都市再開発を止めなければなりません。私の住む杉並区では再開発や都市計画道路に反対する住民が、児童館やゆうゆう館（高齢者が無料で使えるスペース）の全廃計画と闘う、まったく違うジャンルの住民などと横につながり、新しい区長を誕生させました。東京都でも様々なジャンルの運動や要求が横につながることができれば、再開発に歯止めをかけ、住民本位の都政が作れると確信しています。

# 4 国家戦略特区
## 地方自治の否定と東京一極集中の加速

### ◆国家戦略特区とは何か―規制緩和の旗振り役

　国家戦略特区とは正式名称を国家戦略特別区域といい、第二次安倍政権下の2013年12月7日に根拠となる国家戦略特別区域法が成立して始まった制度です。特区＝特別区域とは、その名の通り、特別な区域を設けることを意味しますが、どのような点で特別なのかというと、特区の対象となった地域において、既存の法令等の規制を緩和するという点で特別なのです。

　では何のために特区を設けて規制を緩和することが必要なのでしょうか。それは成長のため、当時の安倍首相の言葉で言うと「世界で一番ビジネスがしやすい国」にするためです。つまり、日本の経済成長が停滞しているのは、企業に課せられた様々な規制＝法令上の規制、税制上の規制が自由な経済活動の邪魔になっているからで、そうした規制を取り払うことで企業が自由に活動する環境を創出すれば、経済成長につながるであろうという発想から特区制度が創設され展開されています。

### ◆国家戦略特区の内容――東京は都市再開発中心

　では現在展開されている国家戦略特区とはどのような制度なのかを見てみましょう。まず制度を活用するには、特区としての指定を受ける必要があります。ただし要件を満たせば全国どこでも特区としての指定を受けることができるかというとそうではありません。どこの地域を指定するかは基本的に政府が決めます（国家戦略特別区域法3条）。現在、全国で13の区域が指定されています（図表1）。

**区域計画の認定状況（活用事項数：72、認定事業数：464）**

**関西圏**（大阪府,兵庫県,京都府）
医療等イノベーション拠点、チャレンジ人材支援
事項数 27／事業数 56
・保険外併用療養に関する特例 ・病床規制の緩和
・iPS細胞からの試験用細胞製造の解禁 他

**新潟市**
大規模農業の改革拠点
事項数 12／事業数 23
・革新的農業法人の設立 ・農業レストラン
・農業への信用保証制度の適用 ・特区民泊 他

**仙北市**
「農林 医療の交流」のための改革拠点
事項数 8／事業数 9
・国有林野の活用促進
・迅速な実証試験局免許手続き 他

**大阪府・大阪市**（スーパーシティ型）
大胆な規制改革と併せて複数分野の先端的サービスを実施するスーパーシティ型特区
事項数 3／事業数 3
・データ連携基盤整備事業 ・スタートアップビザ
・大阪・関西万博に関連する仮設建築物の建築

**仙台市**
「女性活躍・社会起業」のための改革拠点
事項数 19／事業数 21
・NPO法人設立手続きの迅速化 ・都市公園内保育所
・一般社団等への信用保証制度の適用 他

**養父市**
中山間地農業の改革拠点
事項数 10／事業数 26
・農地の権利移転の円滑化 ・企業による農地取得
・農業への信用保証制度の適用 他

**つくば市**（スーパーシティ型）
大胆な規制改革と併せて複数分野の先端的サービスを実施するスーパーシティ型特区
事項数 7／事業数 9
・データ連携基盤整備事業 ・スタートアップビザ
・官民の垣根を越えた人材移動の柔軟化
・外国人雇用相談センター 他

**福岡市・北九州市**
創業のための雇用改革拠点
事項数 27／事業数 89
・スタートアップビザ ・スタートアップ法人減税
・雇用労働相談センター 他

**東京圏**（東京都,神奈川県,千葉県,千葉市,成田市,成田市）
国際ビジネス、イノベーションの拠点
事項数 41／事業数 158
・都市計画法等に係る手続きのワンストップ化
・エリアマネジメント ・工場の新増設
・東京開業ワンストップセンター 他

**沖縄県**
国際観光拠点
事項数 10／事業数 13
・農業分野での外国人受入 ・農家レストラン
・地域限定保育士 他

**加賀市・茅野市・吉備中央町**
（革新的事業連携型）
3自治体連携により、健康・医療などにおける革新的サービスを先行的に実装する「デジタル田園健康特区」
事項数 4／事業数 4
・スタートアップビザ ・特区民泊
・加賀市開業ワンストップセンター 他

**愛知県**
「産業の担い手育成」のための教育、雇用、農業等の改革拠点
事項数 25／事業数 33
・有料道路コンセッション ・公設民営学校
・自動走行実証ワンストップセンター
・農業分野及び家事支援分野での外国人受入 他

**広島県・今治市**
観光・教育・創業などの国家戦略・ビッグデータ活用特区
事項数 13／事業数 20
・「道の駅」民営化
・獣医学部の新設
・雇用労働相談センター 他

※各区域の代表的な活用事項を掲載。

出典：内閣府地方創生推進事務局「国家戦略特区の制度概要」（ホームページ）より（2023年12月26日現在）

　全国13の指定区域で規制緩和が行われるわけですが、どのような内容の規制緩和を行い、具体的にどのような事業を行うのか、次にそのプロセスを見ておきます。どのような規制緩和を行うのか、その内容のことを特例措置と呼んでいます。例えば民泊（住宅宿泊）がそれにあたります。旅館業というのは「施設を設け、宿泊料を受けて、人を宿泊させる営業」（旅館業法2条2項）のことを指し、旅館業を営むには都道府県知事の許可が必要です。したがって許可を得ずに旅館業＝客を泊めて料金を得ることは違法になるわけです。民泊とはこの旅館業法の規制緩和になります。つまり特区内で認定を受ければ、自宅等に料金を取って客を泊めてもよいということです。この特例措置＝民泊（特区民泊）は2016年1月に東京都大田区から始まり、現在は大阪府市などいくつかの区域で展開されています。

このように現行法令では認められていない活動・事業を特区内に限って規制緩和するというのが国家戦略特区の基本的な中身になります。そして特区内で効果があるとみなされた特例措置は全国展開されることになります。現在、全国に広げられた特例措置は81にのぼります。

　この特例措置（＝規制改革メニュー）は都市再生、創業、外国人材、観光、医療、介護、保育、雇用、教育、農林水産業、近未来技術・サンドボックス、補助金等交付財産の目的外使用等に係る承認手続、全国で実現の13の分野に分かれています。そしてこの特例措置の下、464の事業が展開されています（2023年12月26日現在）。

　この中で東京に最も深い関りがあるのが都市再生に係る事業です。国家戦略特区では東京圏として東京都、神奈川県、千葉市、成田市が区域指定を受け、464の認定事業のうち、最も多い158の事業が展開されています。その158の事業のうち、122の事業は東京都で展開されている事業で、大部分が都市再生に関わる事業になっています。都市再生に関わる中で重要なのが「都心居住促進のための容積率・用途等土地利用規制の見直し」という特例措置です。都市再開発には、都市計画法、土地区画整理法、都市再開発法、都市再生特別措置法などの法令に従って再開発を担う民間事業者（ディベロッパー）や国、地方自治体などが協議や調整を行うなどの複雑な手続きが必要です。要するに事業に着手するまでに時間がかかるということです。そこで国家戦略特区では、区域会議で認定された区域計画で一気に認めてしまうことになっています。区域会議というのは指定区域ごとに設置される特例措置や事業を決める機関です。つまり、区域会議で都市再開発に関わる区域計画が認められれば、民間事業者は国や自治体と個別に協議・調整することなく、事業に着手できるということです。同じように通常は認められていない容積率の緩和も区域計画に定めれ

ば認められるという特例があります。

## ◆地方自治の否定──国家戦略特区による国主導の都市再開発

　区域会議で特例や事業が認められれば、面倒な手続きを経ることなく、特例措置を活用した都市再開発に迅速に着手することが可能です。先ほど触れた区域会議のメンバーには民間事業者も参加しています。例えば東京圏の区域会議には三菱地所の特別顧問がメンバーとして参加しています。そして都市再生に関わる認定事業の多くは、三井不動産、森トラスト株式会社、住友不動産、三菱地所、東京建物など大手都市開発ディベロッパー主導で行われているのが現状です。つまり大手ディベロッパーが区域計画の意思決定に参画し、事業を担っているわけです。

　また東京都庁には東京特区推進共同事務局という機関が2016年10月に設置されています。これは内閣府と東京都が国家戦略特区を共同して推進するために置かれました。つまり国と東京都は緊密に連携・共同して国家戦略特区を推進していることが行政機構上も明確なわけです。

　以上のように、国家戦略特区制度というのは、規制緩和の名のもとに、国主導で計画決定を行うという点で、区域内の住民や自治体がほとんど関わることができず、地方自治を否定する制度です。また東京都は、わざわざ都庁内に東京特区推進共同事務局を設けるなど、国とタイアップして国家戦略特区を推進する立場です。冒頭に述べたように、国家戦略特区というのは区域内で規制緩和を行い、経済成長を推進するために設けられた制度ですから、東京のみが成長し地方の衰退に拍車をかけることになります。つまり東京一極集中をますます加速させる要因になっているのです。

# 5 民営化、PPP/PFI 事業化が進む公共施設

　都政は経済界と政府の施策に沿って新自由主義の考え方に立つ公共サービスの民営化を進めてきました（図表1）。いくつかの分野で特徴的な動きをみてみましょう[1]。

## ◆都立病院の PFI と地方独立行政法人化

　都立病院の医療以外の部分（営繕、給食、清掃など）を民間事業者にゆだねる PFI はすでに、「がん・感染症研究センター」（旧駒込病院）、「多摩総合医療センター」（旧府中病院）、松沢病院で導入されてきました。患者の費用負担が増す例や営繕の問題などが指摘されていますが、さらに広尾病院でも導入されようとしています。都立・公社病院を地方独立行政法人化する議案は、コロナ禍の2022年3月に議案が可決され7月に実施されました。

　しかし直営の都立病院をまもる都民の運動と世論は広がり、地方独立行政法人化に反対する署名は、累計で35万人を超えました。地方独立行政法人化は、都民にも職員にもまったく理解も支持もされていません。

　東京都当局は、「行政的医療を将来にわたって提供する」と答弁を繰り返しました。たとえば2022年3月15日の都議会厚生委員会では、計画調整担当部長が、「行政的医療の提供に必要な経費につきましては、独法化後も、都が運営費負担金として負担することが法定されており、都が確実に措置をしてまいります。」と答弁しています。東京都内の各市区町村議会で都立病院を直営でまもることを取り上げた質疑に対しても、総じて都のこの趣旨の答弁を引用する議論がなされました。高まる世論を前に、都も各市

朝霞浄水場・三園浄水場常用発電設備等整備事業

区部ユース・プラザ(仮称)整備等事業

森ヶ崎水処理センター常用発電設備整備事業

多摩地域ユース・プラザ(仮称)整備等事業

多摩広域基幹病院(仮称)及び小児総合医療センター(仮称)整備等事業

神宮前一丁目民活再生プロジェクト

がん・感染症医療センター(仮称)整備運営事業

精神医療センター(仮称)整備運営事業

多摩地域ユース・プラザ運営等事業

出典：https://www8.cao.go.jp/pfi/pfi_jouhou/jireishuu/kantou.html　より

区町村も、従前の医療をまもることを公約せざるを得なかったのです。

　都立病院の一つである多摩総合医療センターでは、夜間専用救急病棟閉鎖問題が起きました。2023年1月の運営委員会で、ER病棟（夜間救急専用病棟）の休止を決定しました。これは、それまでの労働組合との合意に反し、一方的に救急医療体制の縮小と職員の労働強化をもたらすものでした。問題点として、（ア）夜間緊急入院の受け入れ患者数が減ります。（イ）一般病棟では、2交代3人夜勤をし、16時間、満床に近い患者の看護で休憩も取れないことも多くありますが、ER病棟を閉鎖して一般病棟で救急患者の入院を受け入れることにすれば、患者のリスクも高まります。（ウ）夜間緊急入院を一般病棟で受け入れることは、医師や看護師などの労働強化と業務負担となります。（エ）入院患者への入院費用も増大します。

　労働組合（東京都庁関連法人一般労働組合東京都立病院機構支部）は、反対

を表明し、職員アンケートを実施したところ、圧倒的多数が反対の声でした。こうした声を力に組合が不誠実団交の労働委員会救済申立と記者会見を準備して深夜までの交渉に臨み、ついに夜間救急病棟の廃止は撤回されました。

地方独立行政法人となった公立病院でも、病床や診療科をめぐる施策は、多くの場合労働条件の変更を伴います。労働組合が職員の声を集め、都民の世論と運動を背景に活動をすることで、行政医療をまもり充実させる道は残されています[2]。

都民の願いは、コロナ禍でも安心できる保険衛生医療体制の充実であり、都政の責任で予算を充実させ都民の生命と健康を守ることです。すでにPFIや地方独立行政法人となった都立病院は、直営に戻すべきです。そのカギは、PFIや地方独立行政法人化の実態を、都民や労働組合や都議会が見守り、声を上げ続け、期間満了時をのがさないで再公営化の取組をすることです。

### ◆水道民営化をめぐる動向

2018年の水道法・PFI法改正で、水道コンセッション（民営化）の導入が容易になり、すでに宮城県で上下水道工業用水の民営化が強行されています。東京都は、早くからの都議会での論戦もあり、まだ水道コンセッションへは進んでいません。

水道業務の民間委託は進めています。受け皿が東京水道（株）です。2020年に東京水道サービス（株）とPUC（株）とが合併したものです。東京水道サービスは、東京都の政策実現の一翼を担う政策連携団体で、利益を追求する純然たる株式会社とは異なります。ただ、東京都の出資は51％で、株式の民間事業者への売却のおそれもあり都民による監視が必要です。

東京水道（株）は、水道施設の管理、浄水施設の管理、水道に関するコンサルティング・調査、技術開発、水道資器材の管理・販売などを行います。技術やノウハウを活用した海外への技術援

助もしており、ミャンマーやマレーシアなどの地域で水道施設の整備・管理を実施しています。

　東京都にも水道事業を担える人材と体制は必要不可欠であり、水道事業を担える人材・体制を整備する必要があります。

　委託先については、家賃の負担や役員の人選・報酬も含めて、政策団体にふさわしい監視と検証が必要です。他の地方自治体や海外からの業務の受注についても監視と検証が必要です。人道的にみて、他の地域や他の国への技術的支援は一律に批判されるべきものではありません。しかし他の地域や他国の水道事業でこの会社が大きな収益をあげることになれば、それは委託側の住民にとっての負担となります。逆にこの会社が収益をあげない支援になれば、東京都と都民の損失となります。技術上財政上の支援は、水道法にしたがって国の責任で行うべきものであり、慎重な検討が必要です[3]。

## ◆ 都市公園の PPP/PFI

　東京都は各地の都市公園について、「再生整備計画」や「マネジメントプラン」と銘打って、大量の樹木を伐採する計画を立てています。公園の管理を民間事業者にまかせ、収益事業の舞台とするためです。

　明治神宮外苑は、風致地区として長く建築物の高さが制限されてきましたが、2013年に新国立競技場の建設にともない、高さ制限が15mから80mに引き上げられました。さらに2018年にはさらに一部について規制が緩和されて、180m以上の高層ビルの建設も可能となりました。地権者などが再開発を進めていますが、東京都が規制緩和でこれを推進していることになります。神宮外苑の樹木の大量伐採には、多くの市民や著名人から反対の声が上がり、反対の立場から超党派の都議会・国会議員連盟も発足しています[4]。

葛西臨海公園には、マネジメントプランという計画が進んでおり、多くの樹木を伐採して施設をつくる計画です。ここでも住民の反対の声があります。

　千代田区の日比谷公園には、「再生整備計画」があります。これも大量の樹木を伐採し、隣接するビルとつなぐ構想です。「日比谷公園大音楽堂」は、日本最古の大規模野外音楽堂だと言われています。有名アーティストのライブなど、「日比谷野音」として親しまれてきました。市民団体などの集会の会場としても、しばしば使われています。東京都は、日比谷公園の再整備を進めるにあたり、老朽化を理由として日比谷野音の施設を建て替える方針で、2023年に工事や建て替え後の管理運営を行う民間事業者を公募しました。ところが、民間事業者からの応募がなく入札不調となりました。人件費や資材費などの諸経費が高騰しており、都の示す予算では担当する民間事業者に収益の確保が難しいと考えられたようです。日比谷野音の建て替えは、東京都自身が直営で設計や施工などを発注して実施することになる見込みです。

　公園が民間事業者の管理にゆだねられれば、収益施設を増やすためにも、樹木の管理コストを省くためにも、樹木が伐採されることになりがちです。公園の緑をまもる都民の世論と運動の広がりが期待されます。


（注）
（1）本稿については、久保木匡介「小池都政がめざす『未来の東京』と都政の構造改革」（月刊「東京」440・2023年1月）、尾林芳匡「自治体民営化のゆくえ　公共サービスの変質と再生」（2020年）等を参照。
（2）尾林芳匡「都立病院の地方独立行政法人化とこれから」（「自治と分権」92号・2023年7月）参照。
（3）尾林芳匡「あらためて水道の民営化を考える」（「住民と自治」2022年4月）参照。
（4）「解かれた封印　外苑再開発の真相」（「東京新聞」2024年1月29日〜2月5日）等参照。

# 6 防災対策：求められる3つの新たな視点

　小池都政下の防災政策は、『未来の東京戦略』（1）から逆算して目標を立てるというバックキャストの手法によっています。しかし"未来の東京"は石原都政以来の東京一極集中型大規模開発路線の延長上に描かれたものであり、その厳密な検討や社会的合意もないままバックキャストの手法で政策を遂行することは、科学的な姿勢とはいえません。私たちはあくまで2019年19号台風や本年1月の能登半島地震による災害等の現実を出発点とする見地を貫き、これまで積み重られてきた防災の対策の到達点を踏まえつつ、さらに発展させるために3つの新たな視点を提起します。

## ◆第1の視点：災害を首都圏全体の問題としてとらえる

### ●大規模自然災害に都県境界はない

　東京都を襲う大規模自然災害は首都直下地震、風水害、富士山噴火による降灰の3つが想定されていますが、これらは東京都に限定されるものではなく、その被害は都県境界を越えて広く首都圏（ここでは首都圏整備法による1都7県ではなく東京・神奈川・埼玉・千葉・茨城・栃木・群馬の1都6県をさす）に及ぶものです。首都直下地震についてはその名称に「首都」がついているものの「今後30年以内70％」というのは「南関東地域におけるM7クラスの確率」であって、首都東京に限定されたものではありません。風水害についても2019年19号台風では広い範囲が極めて危険な状態に陥りました。富士山噴火による降灰が神奈川、東京、埼玉、千葉、茨城などに及ぶことは必至です。さらに地震災害の復旧過程に風水害や津波・

高潮が襲い、さらに感染症が拡大するというような複合災害が首都圏を襲うということも想定しておかねばなりません。また災害に誘発された東京湾岸コンビナートでの火災等、広域2次災害も発生する危険があります。

　災害に伴う避難者問題も深刻です。東京を首都直下地震が直撃した場合には近隣県からの通勤・通学者およそ約270万人が帰宅困難者となります。一方、大規模水害が江東、江戸川、墨田、葛飾、江東の江東5区を襲った場合には250万区民に茨城、千葉、埼玉、東京西部、神奈川の浸水外地域へ広域避難する方針が出されています。このように避難者問題は首都圏全体が関わらざるを得ないのです。

## ● 首都圏自治体連携の防災態勢構築が必須

　大規模自然災害が都県境を越えて襲う以上、防災対策は首都圏全体が密接に連携して担うことが必要ですが、連携態勢は不十分と言わざるをえません。2つほど例示します。まず東京都、神奈川県、埼玉県、千葉県に横浜市、川崎市、千葉市、さいたま市、相模原市によって構成される九都県市首脳会議の防災・危機管理対策委員会には荒川、利根川の上流域である茨城、群馬、栃木の3県は加えられていません。災害発生時に道路のがれきなどを取り除き、緊急車両の通行を可能にする道路啓開（緊急復旧）計画も東京を中心とした「八方向作戦」として国土交通省において策定されているものの千葉県、茨城県、栃木県では各県に委ねられたままです。こうした東京中心的ともいえる防災態勢では、首都圏を襲う災害に対しては有効に対応できず、従って東京都における対処も全うされないでしょう。東京都としては、1都6県の自治体間協力と連携態勢強化のために積極的なイニシアティブを発揮することが求められているのです。

## ◆第2の視点　脆弱化の危険を内包する東京一極集中型大規模開発から脱却する

### ●歯止めなき大規模開発による東京の脆弱化が懸念される

東京都に固有の防災問題は武村雅之が指摘するように石原都政下で始まる国と連動した東京一極集中型大規模開発政策によって引き起こされています（2）。都心・臨海地域と品川駅・田町駅周辺における高層住居群の建設ラッシュ、世界貿易センタービルなどに象徴される超高層化、そして今や、公共空間の「民間」による再開発が小池都政の下で強行され、超高層ビル群に提供されようとしています。小池都政は国際競争力強化のためとしてさらにいくつもの開発拠点を都内に設定することによって東京一極集中型大規模開発を加速させています。しかしこの路線は災害リスクのポテンシャルを著しく増大させ、災害に対する脆弱性を拡大させているのです（3）。

第1に、武村雅之は前掲書で「超高層ビルには制震工法や免震工法が採用されているが、いずれも完璧な技術ではない。巨大地震に遭遇した経験が少ないことなどを考え合わせると、海溝型巨大地震が発生した場合に予想以上に大きく揺れる可能性は否定できない。」と明言しています。さらに超高層ビルの内部設備が損壊し、多数の「高層難民」が発生する危険性がすでに指摘されています。加えて高層住宅群を抱える臨海埋立地は「孤島」となる可能性も考えておかねばなりません。

第2に、すでに大規模開発に伴って形成されている広大な地下街と地下施設、それらと連結する地下鉄等の防災対策はなお十全ではありません。さらに大規模水害時に水没する危険性も指摘されています。

第3に、高層建築群の展開によってそれからの単位面積当たりの発熱量が飛躍的に増大することは必至です。さらに臨海部の密

集高層建築群による海風流入の阻害が都市部の高温化を助長します。これらによってヒートアイランド現象が拡大し、都市型集中豪雨等の危険性が増大するのです。

## ● 首都圏の一員としての防災対策へ転換する

東京一極集中型大規模開発路線の推進が災害に対する脆弱性の拡大を招き、その脆弱性に対処するとして強靭化の名のもとに大規模開発が強化されるという悪循環に陥っているのが東京の現状です。これは強靭化ではなく脆弱化路線というべきでしょう。しかも大規模開発路線はもはや都市政策としても行き詰まっているのです（4）。脆弱性増大の危険をも内包するこの路線から脱却の第一歩は、芸術家を含む数多くの人々が反対運動を展開している神宮外苑再開発をやめさせ、秩父宮ラグビー場と神宮球場の現在地での再生をおこなうことです。そしてまた有楽町再開発と連動して東京都建設局の事業として始められている日比谷公園再開発を白紙に戻すことです。

さらに前記の第1の視点に立って首都圏全体の水害対策にも積極的に寄与する姿勢に転換しなければなりません。そもそも歴史的に見て河川行政は下流域の都市部、都市部の中でも都市中心部を洪水から守ること、さらに都市部ための水資源確保に力点を置いてきたといっても過言ではないのです。河川敷の自然が失われるという批判にもかかわらず埼玉県内の荒川河川敷に広大な3つの調節池が建設あるいは建設中、さらにもう1つ計画されているのも「資産の集中する首都圏中枢部において（洪水を）安全に流下させ」るためです（国土交通省「荒川水系流域治水プロジェクト」）（5）。また群馬県吾妻郡長野原町において半世紀以上にわたる建設反対運動が続いた八ッ場ダムはカスリーン台風並み台風による洪水対策にさらに都市用水開発が加わって強行されました。しかし八ッ場ダムにおいては洪水対策としての必要性については論証されてお

らず、主たる目的とされた東京の水不足対策も不要であることは明白だったのです。こうした中で国土交通省は2019年19号台風襲来に伴って関東平野の広い範囲で大規模水害が発生したことを受け、治水の在り方を従来の総合治水から「集水域から氾濫域にわたる流域に関わるあらゆる関係者が協働して水災害対策を行う」流域治水へ転換することを表明しました（6）。この流域治水の観点からは上流域の山地や中下流域の農地の保水力が重視されねばなりません。つまり首都圏を構成する1都6県における農林業の継続・発展は調和のとれた地域経済や環境保全の点からだけでなく防災の見地からも極めて重要なのです。東京都としては上流域から河口までの流域全体の治水に積極的に寄与する方向に転換することが必要でしょう。そしてそのことが東京における防災態勢の基盤を強化するのです。

### ◆第3の視点　喫緊の課題を「先行対策」として実行する

　これまでの災害対策としての法制度改訂や規制強化などは、多くの場合、大規模災害を受けて実行されてきました。そして2019年19号台風の被害を受けて流域治水の視点からの5か年加速化対策が進行中です。今年1月の能登半島地震については、現在、防災に関係する諸機関、学界や業界が被害の分析や対策等の検討を進めていますので、それらの結果をもとにして、東京都も「後追い」でない「先行対策」として防災対策を実行することが必要でしょう。ここでは特に喫緊の課題を具体的に提示し、各方面での検討を期待するものです。

#### ●軟弱地盤上の建造物・インフラに対する耐震構造を強化する

　能登半島地震において建造物やインフラの被害が軟弱な地盤に起因するという多くの報告がなされています。東京都においては軟弱地盤が東部低地帯にひろがっており、特に軟弱層の厚さが

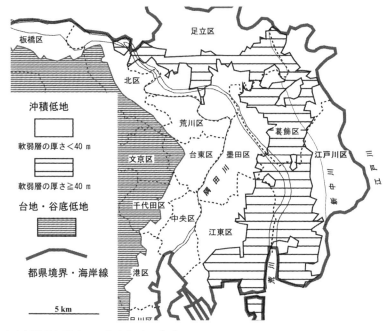

東京都地域危険度マップ（7）から作成.

40mを越えて揺れの増幅率が2.9倍と想定される地帯が最大幅5kmで連続しています（「地域危険度マップ」（7）（図表1））。しかしこうした軟弱地盤上の建築物やインフラ、液状化対策、さらには堤防における被害防止などのきめ細かい対策については確立されていないのが現状です。例えば、これまでは木造戸建て住宅などのような比較的規模の小さな建築物については確認申請時の構造審査等が特例措置として審査対象外となっていたため地盤と建造物との関係も建築士の判断に任せられています。しかしこの特例措置は2025年4月に廃止され、新たに審査対象となるため構造等に関する安全性強化の流れが強まります（8）。しかし能登半島地震の被害状況を踏まえるならば、町丁目単位で作成された前述の「地域

危険度マップ」に基づくきめ細かい対策、既存の建築物に対しても新たな基準での見直し等が求められます。

### ●東部低地帯における大規模水害対策を抜本的に強化する

　東部低地帯の大規模水害対策については国、都、区などが継続して進めていますが、抜本的に強化するために以下の3つを提起します。

　第1は、耐越水堤防への切り替えと耐震強化です。「荒川水系流域治水プロジェクト」(5) においては2026年3月までに河道整備率が57％から70％に改善されるとしています。しかしシミュレーションによれば同計画が達成されても中頻度の確率（年超過確率1/50：荒川流域417mm、入間川流域414mm）で起こる大規模水害時には荒川下流域では広い範囲の浸水が予測されています。2019年19号台風時には東日本の17地点で3日間雨量が500mmを越えたこと、またそもそも近年、洪水発生の頻度が近年高まっていることを考えるならば国土交通省のプロジェクトだけでは不十分でしょう。最悪の事態である破堤を防ぐために超過洪水に照準をあてた耐越水堤防への切り替えとその耐震化、さらに長大な堤防中の危険個所の抽出と補強を緊急課題として設定する必要があると考えます。

　第2は、実効性のある避難計画の策定です。江東5区は、大規模水害が発生した場合最大250万区民を域外の千葉、茨城、埼玉、東京西部、神奈川の各方面の浸水外地域に広域避難させる計画を示しています。しかし、災害時に安全な避難ルートをどう確保するかは示されていません。また「非浸水地域の自治体と避難の受け入れについての協議を進めていますが、具体的な場所は特定できていません……」とハザードマップ (9) に記されているように避難地域等が特定されていないのです。しかも広い範囲で浸水が2週間以上続くとされています（図表2）。すなわち広域避難した

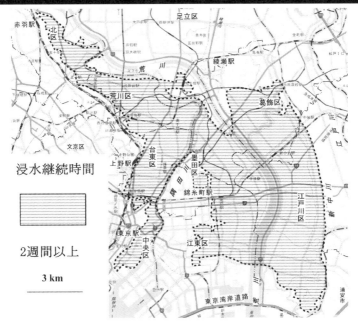

浸水継続時間

2週間以上

3 km

荒川流域と利根川流域の 3 日間降雨がそれぞれ 632mm、491mm を越えて荒川と江戸川が氾濫した場合を想定．江東 5 区広域避難推進協議会（2018）「洪水浸水想定区域図（浸水継続時間）」（9）をもとに作成．背景の地図は「地理院タイル」による．

多くの区民は長期にわたる避難生活を余儀なくされることになります。これらの点からみても現行の広域避難計画は防災対策とはいいがたいものであって、日常生活の直近の場所での避難を基礎にした実効性のある計画の可及的速やかな策定とその実施訓練が必要です。

　第3は、浸水対策です。広範囲・長期間の浸水に備えてマンションや公共施設等における電気関係施設・設備を高位階へ移設することです。一方、東京都は無電柱化・電気系統の地下埋設を進めていますが、これに伴って変圧器などが電柱上から道路脇に移設されています。このため浸水した場合には変圧器内がショートし

て破損すると考えられるのです。浸水危険地域における現行の無電柱化方式については根本的な再検討が必要でしょう。

## ● 西多摩と島嶼の防災対策を強化する

　能登半島地震は山間地域や過疎地における防災対策と災害時における救援・避難体制に大きな課題を提示しています。それらについての検討は関連学会や関係機関で行われていますのでその結果を速やかに西多摩と島嶼の防災対策に活かすことが重要です。喫緊の課題としては、西多摩と島嶼とも急斜面地への対策強化と啓開道路の整備があると思われます。

## 【参考文献】

（1）https://www.sp.metro.tokyo.lg.jp/seisakukikaku/mirainotokyo-senryaku/book.pdf

（2）武村雅之：関東大震災がつくった東京　首都直下地震へどう備えるか．中央公論社．2023年.

（3）岩見良太郎：東京一極集中から持続可能な都市づくりへ．月刊『住民と自治』2020年9月号，9-14.

（4）岩見良太郎：ゆきづまる東京大改造―その矛盾の構造．『前衛』2024年3月号，140－158.

（5）https://www.ktr.mlit.go.jp/ktr_content/content/000879124.pdf

（6）https://www.mlit.go.jp/river/kasen/suisin/pdf/01_kangaekata.pdf

（7）https://www.toshiseibi.metro.tokyo.lg.jp/bosai/chousa_6/download/kikendo.pdf?2212=

（8）https://www.mlit.go.jp/common/001500388.pdf

（9）https://www.city.koto.lg.jp/057101/bosai/bosai-top/topics/documents/haza-do.pdf

# 7 東京における軍事・基地問題
## オスプレイ、PFAS など

◆**東京都の基地問題**

　東京には、日米安全保障条約第6条に基づき、米軍専用施設が4か所、日米共同利用施設が2か所、一時利用施設が1か所で合わせて7か所の基地・施設があります。このうち最大なのが、米空軍横田基地です。

　1950年の朝鮮戦争勃発に伴い、横田基地の拡張が行われ、東西約2.9km、南北約4.5km、面積は約714ヘクタール、東京ディズニーランド約14個分の広さで、福生市、瑞穂町、武蔵村山市、羽村市、立川市、昭島市の5市1町にまたがっています。

　横田基地は、長さ約4000mの滑走路が1本と、在日米軍司令部、在日米空軍司令部、第5空軍司令部などの司令部機能が集中し、朝鮮戦争国連軍後方司令部も置かれ有事に備えています。

　2012年3月に、航空自衛隊総隊司令部及び作戦情報隊・防空指揮群が移転し、航空自衛隊横田基地として運用を始め、日米共同使用の基地になりました。

　2023年1月、日米軍事外交閣僚協議が行われました。共同文書が発表され、同盟の現代化・調整では、「陸海空自衛隊の一元的な指揮を行い得る常設の統合司令部を速やかに創設する」とあり、横田基地での日米航空作戦の指揮・統制一体化を目指した米空軍の航空作戦センター（AOC）兵器システム「ファルコナー」と同様の日米共同航空作戦調整センター（BAOCC）が設置されます。AOC兵器システムは、米軍指揮下で衛星や航空機、サイバー・通信などで収集したさまざまな情報を集中し、米軍の指揮下で同

盟国の各軍種や他国軍の航空部隊に攻撃を指示するもので、航空自衛隊が指揮下に入ることを意味します。さらに、米軍は在日宇宙軍司令部を横田基地に創設する計画で、作戦・運用司令部の機能が横田基地に集中しています。

横田基地には、戦術輸送の役目を担うC130J輸送機が14機配備され、戦場にも物資や人員を送るために、低空飛行や数機が編隊飛行しパラシュートで物資や兵員を降下させる訓練も頻繁に行われています。最近では自衛隊と共同訓練を頻繁に行い、米軍機から自衛隊員が降下する訓練を行っています。無人偵察機RQ4グローバル・ホークも2017年から毎年一定期間配備され、朝鮮半島や中国軍の動きを監視しています。

2018年4月に、米空軍特殊作戦部隊が運用するCV22オスプレイが配備され、2019年7月に「第21特殊作戦中隊」として運用を開始し、2021年7月に6機目が配備されました。CV22は、敵地への侵入、拠点襲撃、暗殺、拉致などを任務とする特殊部隊を輸送するのが任務で、そのため低空、夜間飛行など危険な訓練を行っています。昨年11月29日に鹿児島県屋久島沖で墜落し、8名の乗員が亡くなっています。

東京都議会では米軍基地が、都民生活に影響を与えていると、「基地の整備・縮小・返還」決議が上がっていますが、小池知事は「安全保障ために横田基地がその一翼を担っている」と基地を容認しています。戦争する基地は東京にも、日本にもいりません。

## ◆欠陥機 CV22 オスプレイの墜落

8人が死亡した屋久島沖での横田基地配備の米空軍特殊作戦機CV22オスプレイの墜落事故を受け、1週間後の12月6日に米軍は全機飛行停止としました。

米軍事専門紙「ミリタリー・タイムズ」(12月16日付)は「オスプレイの飛行停止後、展開中の海兵隊はどう対応しているのか」と

| 2013年 6月 | 米海兵隊のMV22がノースカロライナ州で訓練中に火災が発生し大破 |
| --- | --- |
| 8月26日 | 米海兵隊のMV22が米ネバダ州で着陸失敗。乗員脱出後に機体が炎上 |
| 2014年 10月1日 | 米海兵隊のMV22が強襲揚陸艦を離陸した直後、動力を喪失[1人死亡] |
| 5月19日 | 米国内でMV22の乗員が訓練中に落下[1人死亡] |
| 2015年 5月17日 | 米海兵隊のMV22が米ハワイ州オアフ島の空軍基地に墜落。[2人死亡] |
| 2016年 12月13日 | 普天間飛行場所属のMV22が名護市安部沿岸に墜落。乗員5人中2人が負傷 |
| 2017年 7月11日 | 米国内の基地で整備中のMV22に落雷[1人が脳死] |
| 8月5日 | 普天間所属MV22がオーストラリア東部海上に墜落[3人死亡] |
| 2018年 2月9日 | うるま市伊計島で普天間所属MV22の部品落下が発覚 |
| 2021年 8月12日 | 普天間所属のMV22、普天間飛行場と中部訓練場の間を飛行中、重さ約1.8キロのパネルなどが落下 |
| 11月23日 | 普天間所属のMV22からステンレス製の水筒が宜野湾市内の民家敷地内に落下 |
| 2022年 3月18日 | ノルウェー北部でMV22が墜落[4人死亡] |
| 6月8日 | 米カリフォルニア州南部の砂漠でMV22が墜落[5人死亡] |
| 2023年 8月27日 | オーストラリア北部で、ハワイ州カネオヘベイ基地所属のMV22が墜落[3人死亡] |
| 11月29日 | 横田所属のCV22が、岩国基地から嘉手納基地へ向かう途中、鹿児島県屋久島沖で墜落。[搭乗者6人のうち1人が死亡、5人が行方不明] |

注：「米空軍は6日までに、鹿児島県の屋久島沖で発生した米軍輸送機オスプレイの墜落事故で、乗員8人全員について死亡を認定し、うち6人の遺体を収容したと明らかにした。（2023年12月6日朝日新聞）」

琉球新報2023年11月30日から

する記事を掲載し、海軍、陸軍のヘリを代替として使用していると挙げています。これは、事故で明らかになったオスプレイの欠陥の深刻さを示しています。

　オスプレイの問題点について調査している神奈川県平和委員会の菅沼幹夫事務局次長は「『代替』は、通常の運用に『墜落の危険』が伴うという判断であり、オスプレイの構造的欠陥がいかに深刻なものかを証明したものです」と指摘します。

屋久島沖で墜落した機体は、横転し背面飛行状態になったあとエンジンが爆発したことが目撃されています。オスプレイは片側のエンジンが停止しても、残ったエンジンの動力で飛行する「相互接続駆動システム」（ICDS）を持っています。2022年6月にカリフォルニア州で発生したMV22の墜落事故は、エンジンの動力をローターに伝えるクラッチが離れ再接続の際に発生した衝撃でICDSが故障し、左右のバランスが崩れたことが原因でした。

　今回墜落した機体は、2023年5月に大規模整備が終わった機体で、整備後1年もたたないうちに墜落事故を起こしたことになります。

　米空軍は、ローターのギアボックス・クラッチの再設計をベル・ボーイング社と契約しましたが、発注期限は2027年1月で、その間の抜本的な対策はたっていません。にもかかわらず、米空軍は飛行再開を決めました。

　墜落現場は海上でしたが、これが横田基地の周辺であれば、甚大な被害が出ていたのではないかと恐怖を覚えました。危険なオスプレイは撤去しかありません。そのためには、戦争する基地を撤去しなくてはなりません。東京都は都民の命と平和に暮らす権利を守るために、国と米軍に対して強く要望する必要があります（オスプレイの墜落の経過については図表1参照）。

## ◆有機フッ素化合物 =PFAS の汚染

　PFASは、有機フッ素化合物の総称で、自然界に存在しない化学物質です。PFASの中のPFOS、PFOA、ＰＦＨｘＳは、ストックホルム条約（POPs条約）で、残留性有機汚染物質に定められ、これらの化学物質は、分解しづらく体内に取り込むと蓄積され、発がん性や子どもの発育への影響などの有害性が指摘され、国際的には、製造、輸入が規制されています。

　環境省は、国の暫定指針値を1リットルあたり50ng/mL（ナノグ

ラム）（25ｍプールに一滴程度の濃度）と定めています。

　しかし、米国アカデミーが2022年8月に公表した臨床上のガイダンスではPFASの合計値で20ng/mLを超える患者へは特別の注意を勧めています。

　この有害物質は、水や油をはじき熱にも強い特性があり、航空機火災の消火剤や撥水剤、半導体の製造のエッチング剤に使われ、航空基地や民間飛行場、半導体工場の付近や河川、地下水などから高濃度のPFASが検出されています。

　英国人ジャーナリスト、ジョン・ミッチェル氏の調査では、2010〜17年にかけて、米軍横田基地でPFOSを含む泡消火剤が3161リットル以上漏出しいたことが分かり、2018年度の東京都の調査で、横田基地付近の監視井戸から指針値の27倍のPFASが検出されていました。PFASに詳しい京都大の原田准教授（環境衛生学）は「横田基地が汚染源になっていること以外、原因の説明がつかない」と指摘しています。

「多摩地域のPFAS汚染を明らかにする会」は、希望者791人分の血液検査（2022年11月〜23年3月）を京都大学と行い、調査対象者のほぼ全員からPFASが検出され、4物質（PFOS、PFOA、PFHxS、PFNA）の血中濃度の合計は、平均で23.4ng/mLで、最大値は124.5ng/mLとなり、米国アカデミーのガイダンス値を平均で越えています。

　2023年6月に行われた防衛省への聞き取りで、横田基地で2010〜12年に3件の泡消火剤漏出があった事実を防衛省は認め、「基地内調査は可能」と答えています。

　国の食品安全委員会は「PFASの摂取許容量（案）」を示し新たな基準をつくろうとしていますがその内容が体重1キロあたり20ngで、欧州の0.63ngの60倍、アメリカの200倍以上となり、PFASをできるだけ取らないようにという国際的な潮流に反して

います。背景には米軍基地からの汚染を隠し、半導体製造会社などの利益を優先する配慮が見られます。

　東京都は「命の水」を守るためにも、基地内を含む汚染源の特定と状況調査し、抜本的対策を行い、「PFASの摂取許容量」を、アメリカ並みの厳しい基準にするよう国に求めることも東京都の責任で行うべきです。

　都民の命を守り、戦争する国づくりを止め、平和な東京を築いていくために平和主義の知事を誕生させることが必要です。

# 小池都政の転換で 水道局職員の削減に 歯止めを!

　1月1日に起きた能登半島地震。亡くなられた方々のご冥福と、被災者の方々へのお見舞いを申し上げると共に、一刻も早い復旧・復興を願っています。

　さて、東京都の水道局では、現地からの要請を受け、早速1月3日には給水車2台・連絡車1台を8名の職員と共に派遣しました。

　今回の地震は地域柄、中部・関西地方の水道局への支援要請が中心ですが、東京では現在も交代で職員を派遣し、主に水道配管の復旧作業にあたっています。

　全国の他の自治体・水道局(水道部)からも、支援の声が上がっていますが、地元の業務が手一杯で、人数が少なく「行きたくても行けない」との報告です。

## ◆余裕を持った公務員労働者配置の必要性

　現地に行った職員からは、「石川の公務員は、少ない人数の中で、自らが被災しながらも、必死に業務にあたっている」「(自分たちは)大都市で培ってきた公務員の直営力で、何とか頑張って来た」と報告しています。「東日本大震災」の際は、関東地方の水道局への支援要請が中心でしたので、東京都水道局からは、技術系・現業系のみならず、多数の事務系職員も派遣され、公務員でしかできない「被災証明書発行」の業務に従事していました。

　まさに、大都市だからこそ、公務員を派遣できる人的条件・配置があるのです。

## ◆公務員労働者ならではの「現場力」の重要性

　また、2021年10月に東京で起きた地震では、都内の水道管の空

気弁が故障したことにより道路が水浸しになり、一部で断水が発生しました。

この事故に対し、水道局職員（公務員）が徹夜で復旧作業に当たり、首まで水につかりながら止水作業を行なう職員の姿がTV等で放映され、全国の視聴者から感謝の声が寄せられたと聞いています。まさに公務員による利益を度外視した「現場力」が発揮され、公務員労働者の重要性が再認識された事象でした。

## ◆全国自治体の公務員労働者は年々削減されている

必要で重要な公務員労働者ですが、全国の自治体では、年々削減されています。総務省の「地方公共団体定員管理調査」によれば、自治体の職員数は1994年以降、約48万人も減らされ、2022年には約280万人になっています。

全国の水道局（水道部）職員も例外ではありません。

この背景には、2018年12月、わずか8時間で国会審議を打ち切り、自公政権が強行して、水道法の「改正」がされたことも関連しています。

この「改正」の重要な部分は、「官民連携の推進」として、厚生労働大臣の許可を受ければ、水道施設に関する「公共施設等運営権（コンセッション）」を、民間事業者に設定できるとしたことです。

これは「民営化の手法」の一つであるコンセッションを導入した初めての法「改正」でした。また、この「改正」により、民間委託への推進も進みました。

＊コンセッションとは＝利用料金の徴収を行う公共施設について、施設の所有権を自治体が所有したまま、民間企業に水道事業の運営を委ねる事です。

## ◆東京都水道局では、「民営化」ではなく、大規模な「民間委託の方針」を決定

東京都水道局でも、民間委託の推進が顕著となっています。2020年7月に策定の『東京水道長期戦略構想2020』では、「コンセッションや民営化には様々な課題がある」とし、「グループ経営推進」として、「民

図表●都水道局の条例定数削減 および 実配置人員削減の推移

3863人　260人減　3603人

3701人

178人減　3523人

━━ 条例定数*1　　━━ 実配置人員*2

4000

3500

3000

▲2017年度　▲2018年度　▲2019年度　▲2020年度　▲2021年度　▲2022年度　▲2023年度　▲2024年度

＊1）条例定数：東京都予算案の各年度人員から作成
＊2）実配置人員：東京都水道局事業概要の各年度「職員配置表」
　　　（毎年8月1日現在）から作成

営化路線には行かない」としたものの、「大規模民間委託」に踏み出しました。

　そして、グループ経営の受け皿として政策連携団体への業務移転の目標を掲げ、「営業業務は10年、技術業務は20年で業務移転」とし、さらに外部有識者からは「移転のスピードを早めたシナリオも必要」との意見も出されている現状です。このため、図表に示す通り、条例定数を削減すると共に、実際はその定数すら職場には配置しないという、公務員削減が行なわれているのです。

**◆水道局職員削減に歯止めをかけ、安心な東京都・水道へ**

　小池都政の第二期目（2020年8月当選）以降の水道局職員の削減は、前掲の通り、第一期に比べ顕著になってきています。公務員の必要性は災害時のみならず、通常の水道業務においても、その重要性は増々高まっています。

# 3

# DX・民営化による
# 公教育・保育の変質

●小池都政の"目玉"でもある授業料無償化、給食費無償化、それは長年の教育運動の成果でもあるが、東京都がめざす「人材」養成のもと「少子化対策」に紐づけられた不十分な制度化は、子ども同士の格差、自治体格差を拡大させることも懸念される。

●全国に先駆けて進められる教育・保育のDX、多くの可能性を持ちつつも教師の専門性を侵食し、子どもとの関係を希薄化させる可能性も。他方、教師不足は深刻化している。

●新自由主義改革の中、公共施設再編を背景に進められる学校再編、施設「複合化」は、時に教育論を無視して進められ、民営化を推進する手段になっていく。

# 1 教育費無償化、「人材」養成に向けた教育ＤＸ、再開発とセットの学校統廃合

## ◆授業料無償化、給食費無償化

　東京都の教育施策は、「『未来の東京』戦略」（2021〜）などに一貫して見られるように成長戦略のための「人材」養成という目的のもとに位置づけられています。

　2024年度からスタートする授業料無償化および学校給食費無償化は、2024年度の小池都政の「目玉」ですが、都民の教育運動の成果による前進でもあります。例えば、私学助成を求める運動は、すでに1960年代初頭から教育を受ける権利を保障するものとして継続的に発展してきたものです。コロナ禍でもたらされた貧困とその後の物価高騰の中で、都内自治体レベルでこれらの無償化を求める保護者、市民による請願、陳情などは数多く行われてきました。

　しかし、小池都政における「無償化」政策は「東京都の少子化対策　2024」に盛り込まれているように、「人材」獲得のための少子化対策に紐づけられているものであり、必ずしも子どもの教育を受ける権利を保障するという発想に立っているわけではありません。

　まず、授業料無償化の施策としては、第1に、都立高校、特別支援学校および私立高校の高校授業料無償化があげられます。都は、従来授業料支援に設けられていた「所得約910万円未満」の条件を撤廃するとしています。2024年度の東京都予算に「都立高校等の授業料実質無償化」に41億円、「私立学校等特別奨学金補助」600億円が新たに盛り込まれています。従来は、所得約「910

万円未満」の家庭には国および東京都から「授業料」として48万4000円（国から11万8800円と都から36万5200円）が支援されてきたわけですが、同額が都から都立、私立問わず全員に支給されることになります。ただし私立では、補助上限を超えた額については支給されず、入学金、その他必要な経費は個人負担となります。新たに支援の対象に該当するのは、私立高校で約9万9000人、都立高校4万4000人になると試算されています。しかし、対象者は「都内に居住する保護者」に限定され、他県に保護者が居住する生徒は、支援の対象になりません。逆に東京から他県の高校に入学しても、授業料無償は保障されるのです。そのため、授業料を払う生徒と払わない生徒が同じ教室で学ぶということが常態化します。都立大学（高等専門学校等を含む）の場合は、「年間478万円未満」だった所得制限が撤廃されますが、対象者は約1000人のみです。加えて、私立中学校生徒の保護者に対しても年間10万円が一律で支援されることになります。

　これらの「無償化」が少子化対策になるのか、というと、まず私立高校の場合、授業料だけでは充当できない多くの教育費の存在があります。さらにそもそも生活困難層は、経済的理由から民間産業などの受験準備をすることができないという実態は改善されません。また、高等教育では、いわゆる「偏差値の高い」都立大学等のみに対象が限定されており、多くの都民の子どもに機会が拡大されているわけではないのです。そのような対象に対しては、無償で教育、医療、福祉などの資格が取得でき、広く都民に門戸を開いた都立コミュニティ・カレッジのような機関の創設が望まれるところです。

　さらに、私立高校の実質「無償化」が、先行ケースの大阪府と同様の公私間の生徒獲得競争、いわゆる「教育バウチャー」のような事態をもたらすことが懸念されます。すなわち、大阪府のよ

うに入学生徒数に応じて教育費を支出するようにすれば、私学と都立はいかに生徒を獲得するかで競うことになり、結果的に定員割れした都立高校を廃校対象としていくことが可能になります。大阪府では、私立高校を実質「無償化」した後で、条例によって3年連続して定員割れした府立高校は機械的に「再編整備」の対象とすることになり、10年で17校の府立高校が廃校になりました。さらに2024年度は府立高校受験者数が過去最低を更新し、半数近い70校が定員割れになっています。東京都の場合、特に、民間企業も経営参入している広域通信制高校、いわゆるオンライン・スクールの爆発的な拡大があることが、その様な事態が起きかねない不安材料ともなっています。

#### ◆「多摩格差」を拡大させる給食費無償化

　都内全市区町村小中学校の学校給食費の年間総額は、小学校が約290億円、中学校が約133億円となっています。（2023年2月5日都議会予算特別委員会　教育長答弁）それが2022年の葛飾区の給食費無償化決定を皮切りに、2023年度に統一地方選などの影響もあり、全区が「給食費無償化」を導入、導入予定となっています。ただし昨年度まで自治体の財政状況を反映して"多摩格差"は激しく、奥多摩町、檜原村のみが導入している状況でした。

　2023年12月、市町村会が都に是正を訴えたことを契機に、東京都が半額負担を公表、2023年度予算に「学校給食費の負担軽減」として259億円が計上されることになりました。うち都立学校給食費負担軽減事業として、都立学校は全額が対象となっていますが、区市町村立学校については、「区市町村が保護者に対し支援する額の2分の1を補助（上限）一食当たりの都内給食費単価」することとなりました。

　現在の時点で、図表1に見るように23区は100％が何らかの無償化を実現しているのに対し、多摩の市部は40％に留まってい

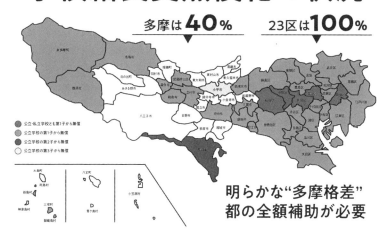

出典：日本共産党東京都議団作成資料（2024.3）

ます。2024年3月段階で「16市が導入を検討」とされており、武蔵野市、三鷹市、調布市、立川市、八王子市などが第1子から「方針化」「前向きに検討」、町田市は第2子から、羽村市が「減額検討」などの方向性を公表しています。ただし複数が「選挙公約」であったこともあり、多くの市は財源確保に苦心し、区部に近い市部では子育て世帯の流出を懸念する声もあげられています。

　他方「検討しない」との回答も5市町（日野市、東大和市、あきる野市、国立市、日出町）あると報道されています。国立市は、財政的負担、材料費高沸で半額（1億3500万円）は支出できず（昨年度給食費10％値上げしたばかり）東大和市もすでに昨年度単価上昇分を市費負担していると回答しています。さらに中学校の給食制度自体を導入していない市がまだ複数あります。「都が詳しい制度設計が示していな

い」「公会計化した場合の事務負担は都が持つのか」といった疑問もあげられています。都は「学校給食のあり方は全国共通の課題であり、本来は国の責任と財源で無償化を進めていくべきもの」とし国に「要請」はしていますが、貧困児童・生徒の比率が高く、最も無償化が必要な市部で導入できない状況が生まれています。国が条件整備するまで、都は市町村の補助を全額負担すべきですし、小中給食費を合わせた年間323億円もすぐに支出可能な額のはずです。

## ◆「人材」養成に向けた教育内容統制、英語スピーキングテスト、E-SatJ

「『未来の東京』戦略」(2021〜)では、あらゆる分野でデジタル化 (DX) を強力に推進、教育分野では、「ICTの活用によって、子供たち一人ひとりの力を最大限に伸ばす『学び』」(「東京都教育施策大綱」同年同月) とされ、都全体のDXの一環として都立学校のデジタル化が進められています。他方、「グローバル人材」養成をめざすとしつつも、内容的には2000年代前半と変わらないような「英語＋アントレプレナーシップ (産官学民の協働)」の強調が見られます。「グローバル人材」養成の代表的な施策である都立高校入試のためスピーキングテスト、E−SAT-Jについては、都内の公立中3年生全員が対象とされました。業務はベネッセに委託され、2022年度都立高校入試から9教科の調査諸点御合計に、結果が新たに加点されることになりました。しかし準備機関から保護者、市民、生徒、教職員らによる広範な反対運動が起きています。実施直前の2022年9月、採点の問題点や個人情報保護を理由に都内保護者53名が住民監査請求を行っています。都議会でも野党側が、都立高校入試に、学力試験や調査書、実技試験などこれまでの評価方法以外を導入しないことを求める条例案を提出しましたが否決されています。

このように各層から高まる批判を背景に、2023年度からベネッセが撤退、イギリスのブリテイッシュ・カウンシル（国際文化交流機関）が委託することになりました。さらに高1、高2のE-SAT Year1、Year2が追加導入されました。しかし、学校での年間計画公表がないままに突然3学期に実施され、企業が変っても音声が聞こえにくいなど実施上の問題も多いことなどから、テスト自体に多くの苦情が寄せられていると言われます。（都教組、2024.3.29聞き取りより）他方、テスト予算は前年度の7億円から35億円に拡大、さらに来年度予算が43億円に拡大されています。事前の民間教育産業による準備など家庭の経済格差を直接に受けやすく、公平性に欠けるばかりか、教育的な意味も十分に検証されていないE Sat-Jは速やかに廃止すべきでしょう。

### ◆自治体で進む学校統廃合、施設「複合化」「民営化」

　神宮外苑開発などに典型的な、規制緩和、公用地の民間への売却や貸与を梃子とした巨大再開発、それに伴う環境破壊が小池都政の特徴です。多くの自治体で同様の発想に立つ、教育論、子どもの教育権を無視した経済政策に資する学校統廃合が行われています。また国民の学習する権利を侵害し、住民自治を破壊するような図書館、公民館などの社会教育施設の廃止・統合も進められています。その背景には、総務省が2014年度〜2016年度に全自治体に計画化を「要請」した「公共施設等総合管理計画」の影響があります。将来的に老朽化した公共施設をすべて改修するには財源が不足するため、予め統合、廃止などで施設の総量を見直すことを各自治体は計画するのです。

　図表2に見るように、都内の出生率は2極化していますが、それはそのまま地域の二極化を現わしています。特に人口、児童・生徒数も増加している中央区、千代田区、港区など都心部では、再開発のタワーマンションなどに高所得層が居住する傾向が見ら

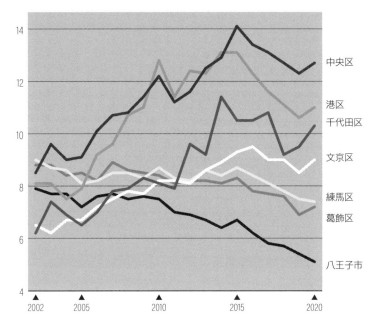

東京都福祉保健局「人口動態統計（令和 5 年）」「合計特殊出生率、年次別、区市町村別」より山本が作成

れ、育児休暇制度が整備された大企業に勤務する共稼ぎ家庭も多いことから、この様な傾向が見られることが推測されます。これらの都心部では大規模統廃合は行われません。ただし、渋谷区では、再開発に組み込まれた跡地「有効活用」が目的のような施設一体型小中一貫校計画が進められています。また学校用地を民間企業に貸与して、容積率を上げることによって建設可能となった高層ビルとともに学校施設も新設してもらい、その施設を区が貸与するPPPを活用した手法も用いられています。

　それと対照的に、図表3に見るように、出生率減が見られる市部や比較的階層が低い区部を中心に、「公共施設等総合管理計画」を背景に大規模な学校統廃合や公共施設の「複合化」が行われて

| 自治体名 | 学校統廃合計画・「複合化」計画など |
|---|---|
| 八王子市 | 全校小中一貫教育導入、今後改修の場合「複合化」<br>1小1中統合「複合化」により大規模義務教育学校開設 (2021) |
| 町田市 | 小・中学校の統廃合計画、「適正規模」を 18 〜 24 学級に拡大<br>市内 3 分の 1 校が廃校対象　今後、統合に際し PFI 活用のケースも |
| 小平市 | 小学校 2 校改修時に公民館施設複数と「複合化」 |
| 清瀬市 | 小学校統廃合、小中一貫校計画を反対運動により阻止<br>学校プール小中学校全校で廃止　14 校が 1 か所のプール使用へ |
| 三鷹市 | 中学校隣接の土地に 2 小学校「移転」統合して義務教育学校を計画<br>地域図書館も併せて「複合化」、全市的に「学校三部制」導入へ |
| 日野市 | プールの民間施設利用、公立幼稚園廃合計画 |
| 東村山市 | 民間施設も含め学校に「複合化」、小学校統合および小中統合を「集約」と表現<br>民間による運営示唆 |
| 青梅市 | 全市的な複合化、小中学校統廃合計画 |

山本が作成（2024 年）

いています。これらの市部は交付税交付団体が圧倒的に多く、公共施設再編事業に乗れば、有利な地方債を期限付きで活用できるといった国の「財政誘導」のインセンティブがはたらきます。特に、町田市、東村山市、青梅市などでは全市規模の学校統廃合計画が進められています。八王子市では老朽化した施設改修の際には、必ず施設を「複合化」する方針が示され、すでに、大規模な施設一体型小中一貫校が開設されています。

　また三鷹市では国立天文台の売却予定地に 2 校の小学校、図書館、学童保育などを移設した大規模な「複合施設」計画が進められています。実質には学校統廃合であるのに「移設」と称して、教育委員会での審議も、保護者・住民の合意形成の手続きも十分に行われておらず、市民による計画見直しの運動が起きています。学校施設、公共施設の再編は住民の合意形成を経て行われるべきですし、都は必要な支援を行うべきでしょう。

# 2 都教委による教育データの集約・利活用は何をもたらすか

## ◆東京都が推進する教育のデジタル化

　第2期小池都政は、都政の総合計画である「『未来の東京』戦略」（2021年3月）において、あらゆる分野でデジタル化（DX）を強力に推進すると定めました。これを受けて教育分野では、「ICTの活用によって、子供たち一人ひとりの力を最大限に伸ばす『学び』」が、「東京の目指す教育」の柱に位置付けられました（「東京都教育施策大綱」同年同月）。これ以降、都全体のDXの一環として、都立学校のデジタル化が進められています。

　具体的には、「TOKYOデジタルリーディングハイスクール事業」（2022年度〜）により、一部の都立学校が、「TOKYO教育DX推進校」（19校）、「先端技術推進校・センシング機器等を活用する学校」（1校）、「先端技術推進校・VR等を活用する学校」（2校）に指定されています。加えて「生成AI研究校事業」（2023年度〜）により、「生成AI研究校」（9校）が指定されています。これらの学校では、AI教材、VR、センシング機器、生成AIなどを活用した指導が行われ、同時に、これらによって収集・蓄積されるデータを分析、活用するための研究が行われています。

## ◆デジタル化のための家庭の金銭負担

　デジタル化は、これら一部の学校に限られません。「TOKYOスマート・スクール・プロジェクト」（2021年度〜）により、全ての都立高校における一人1台情報端末の実現と、通信環境の整備が進められています。周知の通り、国の「GIGAスクール構想」によって、小中学における一人1台情報端末の整備は完了しています。高校については

地方ごとの施策となっていますが、東京都は、家庭が自己負担で情報端末を購入するという方法を採りました。都が選定した端末の中から学校が指定したものを購入した場合、都から支援金が支給されますが、それでも各家庭には、生徒1人あたり3万円の負担が強いられています。全ての学校における情報端末の利用を都が決定したことを踏まえれば、全額公費負担によってそれを整備するのが当然のはずです。

## ◆デジタル化による教育データの集約・利活用

　学校教育におけるデジタル化は、これまで十分に行うことができなかった教育実践（例：情報端末を活用した調査・発表、音声・動画資料の活用など）や、校務における教職員の負担軽減を実現しうる積極的な面もあります。そのため、デジタル化の全てを否定する必要はありません。しかし、小池都政が目指す学校教育のデジタル化は、情報端末などによってあらゆるデータを集約、分析し、学びや教育のあり方を抜本的に再編しようとするものです。

　2024年1月22日、上記の「TOKYO教育DX推進校」において、「教育ダッシュボード」の利用が開始されました。ダッシュボードとは、もともと速度、燃料残量などの情報を集約して表示する自動車などの部品のことです。そこから、散在しているデータを集約、可視化する仕組みが「ダッシュボード」と名付けられ、企業経営などにおける管理ツールとして開発、利用されています。

　「教育ダッシュボード」は、教育に関するあらゆるデータを集約、可視化するシステムです。問題は、何が「教育データ」になるのかという点です。先行する地方自治体では、端末の使用頻度、ウェブサイトのアクセス履歴、学校満足度、保健室の利用状況、健診結果、日常所見など、あらゆるデータが対象となっています。例えば、渋谷区においては、区立の全小中学校に「教育ダッシュボード」が導入され、教職員が各種のデータを閲覧できるようになっています（図表1）。都教委は、「教育ダッシュボード」によって、教育データを集約、分析、

| データ項目 | 発生頻度 | 収集頻度 |
|---|---|---|
| パソコン操作ログ | 都度 | 日毎 |
| Webアクセスログ | 都度 | 日毎 |
| Web検索キーワードログ | 都度 | 日毎 |
| LTE利用量（自宅でのPC利用） | 月1回 | 月1回 |
| 体力テスト | 年1回 | 年1回 |
| 出欠情報 | 日毎 | 日毎 |
| こころの天気・学びの天気<br>（子どもが情報端末に今の気持ちを「晴れ」「雨」「曇り」「雷」で入力） | 日毎 | 日毎 |
| 保健室利用情報 | 都度 | 日毎 |
| Hyper QUテスト<br>（学校生活における児童生徒の満足度や意欲などを質問紙によって測定） | 年2回 | 年2回 |
| 児童・生徒学校生活アンケート | 隔月 | 隔月 |
| 全国学力・学習状況調査 | 年1回 | 年1回 |
| 東京都「児童・生徒の学力向上を図るための調査」 | 年1回 | 年1回 |

出典：渋谷区教育委員会「教育データ利活用の取り組み」（2022年9月5日）を
　　　もとに筆者が作成

可視化すれば、有効な指導・支援ができるようになるとしています（図表2）。そのため、「TOKYO教育DX推進校」で先行導入し、2024年度中に100校に拡大した上で、2025年度中には全ての都立学校に導入することを計画しています。

◆ **教育データの集約・利活用の問題**

　しかし、「教育ダッシュボード」を中核とする教育データの集約・利活用は、有効な指導・支援にならないばかりか、次のような大きな問題を引き起こすことが懸念されます。

　第1に、データのバイアスや過度な依存の問題です。データの分析はAIによって行われますが、収集されるデータにバイアスがある場合、不正確な結果や予測を示す可能性があります。また、AIが提示する結果に指導・支援が依存することになれば、データには現れていな

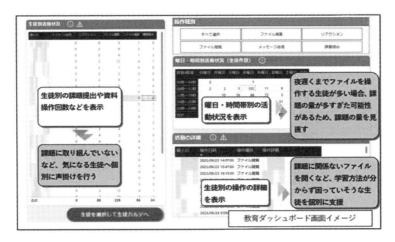

出典：東京都教育委員会ウェブサイト
（https://www.kyoiku.metro.tokyo.lg.jp/press/press_release/2024/
release20240119_01.html）

い生徒の潜在的なニーズを取りこぼすことも起こりえます。そのような
ニーズは、これまで教職員の専門性(知識、技能、経験、勘)によって捉え
られてきました。データの利活用は、それを補完するものと謳われて
いますが、実際には教職員の専門性よりもAIが提示する分析結果が
重視され、結果、指導・支援の質が低下する懸念は拭えません。

　第2に、生徒のプライバシーや内心への介入の問題です。現段階
において都が集約するとしている教育データは、「生徒等の生年月、
所在区市町村、出欠席、定期考査点数、科目の評価・評定、所属
する委員会、部活動、その他生徒の基礎情報に係るもの、学習支援
サービスとして利用しているMicrosoftOffice365のログ情報」となって
います（「東京都教育ダッシュボードにおける教育データ取扱い方針」(2023年8月17
日)。しかし、できるだけ多くのデータを集める方向に段階的に進むこ
とも考えられます。データが多ければ多いほど、その利用価値が上が
ると考えられているためです。

実際、上記の渋谷区では、子どもの内心に関わるデータ収集が日常的に行われています。これを参考にしたと思われる世田谷区の教育委員会が、子どもの情報端末上の検索履歴などを把握しようとしたところ、区議会から批判が上がり、撤回に至る事態も起きています。他の自治体では、教室にカメラ、集音マイクなどを取り付けて授業中の子どもの視線、挙手、発言を記録・分析する学校や、子どもの手首に着けたリストバンド型端末で脈拍を計測し、授業中の「集中度」を測る学校も現れています。

　データは収集されればされるほど、漏洩や不正アクセスによるプライバシーの侵害の可能性が高まります。外部に漏れないとしても、生徒のプライバシーや内心に関わる情報が、生徒自身の判断（この先生には、このタイミングで自分の内心を明かしたい。逆に明かしたくない。など）を無視したまま、日常的に集約・分析されることになれば、彼らにとって大きなストレスになるでしょう。都教委は、生徒・保護者がダッシュボードによる教育データの分析を望まない場合、申出に基づきデータを分析対象から除外するとしています。しかし、生徒・保護者がデータの分析・利活用のリスクを理解するのは容易ではありません。また、リスクを理解していたとしても、都内の全ての学校で行われている仕組みからの離脱が何らかの不利益につながらないか（例えば、成績や進路）、との恐れを抱かせるでしょう。そのため、希望者を分析対象から除外することが、問題の解消方法として実効性あるものとなるか、大いに疑問です。

　小池都政のもとで都教委が進めようとしている教育データの集約・利活用が、生徒の学びや学校教育にとって本当に有効で必要なことか、その根本から問われなければなりません。

# 3 「東京こども DX」で進む 都と ICT 企業の融合

## ◆はじめに

　東京都は「東京デジタル2030ビジョン」（以下、「2030ビジョン」という）を2023年9月11日に公表し、都のDX戦略を明らかにしました。都は2030ビジョンを子育て分野から具体化するため「こどもDX2025つながる子育て推進会議」（以下、「子どもDX」という）を2023年12月に設立し、構成員にはGovTech東京と一般社団法人こどもＤＸ推進協会（以下、「推進協会」という）を加えました。こどもDXは子育て世代にむけた「プッシュ型支援」を2025年度までに実現するといいます。こどもDXは、国がデジタル行財政改革会議中間とりまとめで提起した「プッシュ型子育て支援」を先進事例として具体化するもので、東京モデルを全国モデルにすることを目指しています。

　プッシュ型支援は、自治体が保有する個人情報等をICT企業に提供することで成り立ちます。本節は、子どもDXを通して、都とICT企業が一体化の動きを明らかにします。

## ◆「プッシュ型支援」は従来の行政手続きと別物

　子どもDXで提供を目指すのは、①「プッシュ型子育てサービス」、②「母子保健オンラインサービス（PMH）」、③「保活ワンストップ」、④「給付手続きの利便性アップ」です。これらのプロジェクトを「2025年度までに実現する」としています。

　プッシュ型支援は、自治体の窓口で申請手続きをして支援を受ける方法とは全く異なる方法です。2030ビジョンでは、「行政が先回りして、その人の状況に応じたサービスをプッシュでお知ら

「子育て支援レジストリ」の実装

せ、申請後迅速にサービス提供」すると説明しています。つまり、都がプッシュ型支援を行うためには、プッシュ通知のためのスマートフォンアプリと、住民に個別化したサービス提供の方法を構築しなければなりません。そこで、こども DX のアプリ構築は推進協会が担い、データ整備は GovTech 東京が行います（図表1）。

プッシュ型で「一人ひとりに最適化されたサービス」を提供するためには、推進協会に個人情報と行政情報が公開されることが前提です。都は、自治体ごとに異なる各種制度等の情報を、自治体から集めて集約し、利活用できるように構造化した「データレジストリ」を構築します。

## ◆ICT 企業のアプリを利用…保育 SaaS の普及が土台

都は3月27日、プッシュ型子育てサービスを、先行プロジェクト実施自治体において開始することを発表しました。GovTech 東京が、自治体における子育て支援情報を ICT 企業が利活用できる形式にデータとしてまとめた、ベースレジストリを整備し、推進協会の登録企業がこれを利用して、プッシュ配信を行う予定です。先行実施自治体は6自治体（千代田区、豊島区、葛飾区、江戸川区、

町田市、瑞穂町）です。プッシュ支援を行うICT企業は推進協会に加入する、コドモンと母子モ、コネヒト、ミラボです。こどもDXは設立から3カ月です。なぜこれほど早く事業を開始できたのでしょうか。

　背景には、推進協会に登録するICT企業のアプリが、都内自治体と保護者に広く浸透していることにあります。

　推進協会とは、子育て支援に関するデジタルサービスを提供するICT企業で構成する業界団体で2023年3月に発足しました。代表幹事の小池義則氏は、株式会社コドモンの代表取締役社長です。コドモンは「保育業務支援システム」というSaaS型クラウドシステム（以下、「保育SaaS」という）を提供しており、導入施設数は、公立と民間合わせて1万8467施設（2024年4月時点）と業界最多です。都内では、保育Saasを導入又は予定している自治体は23区で21区（91%）、多摩26市では18市（69%）でした（図表2）。

　母子モは母子保健を紙からデジタルで提供するICT企業で、提供自治体数は600です。

　すでに、子どもに関わる行政サービスには民間ICT企業のアプリが導入されており、アプリにはプッシュ通知機能が実装済みです。推進協会に登録するICT企業のアプリに、子育て支援の通知機能を追加し、都が行政サービスと住民の個人情報をデータ化して公開すれば、プッシュ通知ができるということです。

## ◆こどもDXで進む、都とICT企業の一体化

　ICT企業が住民に個別化した行政情報をスマホアプリでプッシュ通知するためには、住民の個人情報と行政情報が必要です。こどもDXでは、都の事業に推進協会が構成員として加わっているため、ICT企業は都から、都内自治体が保有する行政情報を構造化された状態で得られます。これは、自治体と企業との関係が変わることを意味します。

**図表 2 ●都内区市における保育 SaaS の導入状況（2024 年 4 月時点）・筆者作成**

| 自治体名 | 導入状況 | 提供企業 | 自治体名 | 導入状況 | 提供企業 |
|---|---|---|---|---|---|
| 千代田区 | 導入 | キッズビュー | 八王子市 | 一部導入 | - |
| 中央区 | 導入 | ルクミー | 立川市 | 導入 | - |
| 港区 | 導入 | コドモン | 武蔵野市 | 予定 | - |
| 新宿区 | 導入 | - | 三鷹市 | 導入 | コドモン |
| 文京区 | 導入 | コドモン | 青梅市 | 不明 | - |
| 台東区 | 導入 | コドモン | 府中市 | 導入 | コドモン |
| 墨田区 | 導入 | コドモン | 昭島市 | 一部導入 | |
| 江東区 | 導入 | ルクミー | 調布市 | 導入 | - |
| 品川区 | 導入 | コドモン | 町田市 | 導入 | コドモン |
| 大田区 | 導入 | コドモン | 小金井市 | 導入 | コドモン |
| 目黒区 | 導入 | コドモン | 小平市 | 一部導入 | - |
| 渋谷区 | 導入 | コドモン | 日野市 | 一部導入 | - |
| 世田谷区 | 導入 | キッズビュー | 東村山市 | 不明 | - |
| 中野区 | 導入 | コドモン | 国分寺市 | 予定 | - |
| 杉並区 | 導入 | - | 国立市 | 予定 | - |
| 豊島区 | 導入 | キッズビュー | 福生市 | 公立園無 | - |
| 北区 | 導入 | コドモン | 狛江市 | 導入 | コドモン |
| 荒川区 | 不明 | - | 東大和市 | 導入 | コドモン |
| 板橋区 | 導入 | キッズビュー | 清瀬市 | 検討 | - |
| 練馬区 | 導入 | - | 東久留米市 | 一部導入 | - |
| 足立区 | 導入 | コドモン | 武蔵村山市 | 不明 | - |
| 葛飾区 | 導入 | コドモン | 多摩市 | 導入 | HOICT |
| 江戸川区 | 不明 | - | 稲城市 | 検討 | - |
| | | | 羽村市 | 不明 | - |
| | | | あきる野市 | 検討 | - |
| | | | 西東京市 | 導入 | コドモン |

に、自社のサービスを自治体に売り込み、契約しなければなりませんでした。ICT 企業と自治体は受注者と発注者の関係でした。しかし、こども DX では、推進協会が東京都と並んで構成員として加わり、行政情報の利活用を公式で行うことができるようになります。また、推進協会は、プッシュ通知の事業までも請け負っています。ICT 企業が行政の事業をつくり、担うという、利害関係が一致した状態になっています。

このように、都とICT企業が融合した状態がつくられたのは、推進協会とGovTech東京が、プッシュ型子育て支援とベースレジストリの策定を政府に要請してきたことが背景にあります。

　推進協会の小池義則氏とGovTech東京理事の畑中洋亮氏は、デジタル行財政改革会議が2023年10月26日に開いたデジタル行財政改革課題発掘対話へ参加しています。畑中氏は、行政サービスを申請型からプッシュ型サービスへの転換を提起し、GovTech東京で「子育て支援レジストリ」の準備を進めていると報告しました。小池氏は「レジストリは保育施設以外のこどもに関わる施設全般をカバーすることも検討した上で、民間にもオープンデータとして公開し、共通IDによる官民のこども関連システムのワンスオンリー化を図る」ことを提起しています。その後、政府は「デジタル行財政改革会議中間報告」で、子育て分野における「プッシュ型子育て支援」を重点施策として位置付け推進協会とGovTech東京の要請内容が実現しています。

　こどもDXの構成員である宮坂学副知事は2024年3月27日のXで「行政の支援に関する制度の情報は構造化されていないため第三者が利活用することが困難でした。そこで自治体の子育て支援の情報を構造化してオープンデータ化、第三者の民間事業者が再利用できるようにしました」と語ります。

　こどもDXを進める中心人物に共通するのは現役のICT企業の代表や元代表であることです。副知事の宮坂氏は元Yahoo社長です。GovTech東京の畑中氏は保険金請求代行等を行う「あなたの医療」の代表理事です。推進協会の小池氏は前述の通りです。

　民間出身者が都の事業の中枢に入り込むことで、これまでの行政サービスのあり方と担い手が根本的に変わろうとしています。

**◆行政サービスの担い手がICT企業へ**

　プッシュ型支援は、スマートフォンを日常的に利用する保護者

には、窓口へ行く手間が省け、申請漏れを防げるなど、便益が得られる可能性があります。

　プッシュ型支援の実施は、保護者が現在利用しているコドモンや母子モ等のアプリ上で行われます。保育園に子どもを通わせている保護者であれば、登降園の管理や連絡帳、お知らせの機能を、保育SaaSのアプリで日常的に利用しており、プッシュ通知を目にする機会も多くあります。スマートフォンは常時持ちあることからも、行政からの情報到達は、飛躍的に上がる可能性があります。

　同時に、保護者が保育SaaS等のアプリを利用する頻度が増えれば、アプリを提供するICT企業は、自社のアプリへの滞在時間が長くなります。また、行政情報のプッシュ通知の機能を拡張することで、保護者が通知を確認して、申請にいたるまでの経過等の新たな生成されたデータを得ることができます。

　ICT企業は、保育SaaSやデジタル母子手帳を自治体が導入することで、子どもと保護者のデータを大量に収集しています。ここからさらに、行政サービスのプッシュ通知を担いうことになれば、新たな行政情報と住民情報を大量に得ることができます。

　システムの変化は、行政サービスの担い手も変える可能性があります。プッシュ通知はアプリで行うことが前提のため、子育て支援事業はアプリ抜きではできない状態がつくられます。アプリの運営と技術的な優位性はICT企業にあるため、自治体の職員が業務に関与できる範囲が狭まる可能性があります。

　こどもDXを突破口に、行政運営がICT企業抜きにはできない状態がつくられようとしています。

# 4 東京都の教員不足

### ◆東京都の教員不足の現状

2023年9月都議会の白石民男都議（共産）の代表質問に、都は、9月1日時点で、都内公立小学校（1270校）で140人の教員が欠員であることを明らかにしました。4月7日時点で約80人欠員だったので大幅に増えています。

東京都教職員組合（以下、都教組）の調査では、さらに深刻で、9〜11月は図表1のような現状となっています。225校188人欠員です。

東京都には、1870校の小・中・義務教育学校があるので、この調査は氷山の一角であり、教員不足はより深刻です。2つの調査の違いは、都は正規教員の配置、都教組は学習を担当している教員の調査していることによりますが、学習に穴が開くことを考えると、都教組調査の方が学校の実情をよくあらわしています。

### ◆悲鳴をあげる学校

学校の教員不足の実態を、都教組調査から挙げてみます。まず、教科学習指導の不十分です。「算数少人数指導ができなくなり、子どもへの手厚い指導ができない」「英語の2学級3展開がクラス全員で行う授業になった」「国語科の作文等時間のかかる課題は教員一人当たりで添削する分量が増し残業が増えた。その課題を減らさざるを得ない」「産休代替が見つからず2か月間理科の授業を他の教科に」「プリント自習」などがあげられます。

芸術教科や給食指導では、「栄養教諭（給食センター勤務）産休の際、2人配置を1人業務で行い、栄養教諭が学校にいなければいけな

## 図表 1 ● 2023 年度 東京都教職員欠員・未配置調査（9 ～ 11 月実施）状況調査まとめ

【校種内訳】小学校 165 中学校 60 その他 3（区立養護・小中一貫・不明等）

| | | | | |
|---|---|---|---|---|
| 通常学級担任・副担任（産代含む） | 50 | 支援員・介助員（担当不明） | 8 |
| 特別支援（固定・教室・通級、教員・介助員等含む） | 44 | 妊婦の体育軽減 | 5 |
| | | 後補充（初任・主幹軽減等） | 6 |
| 専科（算数少人数・図工・音楽・家庭科・英語） | 37 | 産休代替・病休代替（担当不明） | 12 |
| 教科担当 | 19 | 正規（担当不明） | 1 |
| 栄養教諭・栄養職員・調理師 | 4 | 管理職 | 1 |
| 養護教諭 | 1 | **計** | **188** |

いが、給食センターに拘束され、思うように食育が出来ない」「専科教員の移動教室や遠足の引率の増え、通常の専科授業ができない日が増えている」「美術科の代替教員がなかなか見つからず、しばらく美術の授業が行えず。また美術部の活動が制限」など。学校全体では、「水泳指導期間に 1 人減だったが、昨年いた外部指導員がいなかったので、専科の裏で担任が補教をしていた」「授業を担当する教員がころころ変わるので、どこまで授業が進んだか分からない」「校外学習の回数を減らす、近いところへしか行かれない。調理学習も回数を減らざるを得ない」と影響は深刻です。その結果、「子どもの落ち着かなさで、担任として入った管理職は体調不良、学年と専科も疲弊。職員室は常に不在」「担任不在期間が 2 ヶ月以上あり、その間にいじめなどの保護者からの声が多く届き、学校として対応中」「児童間のトラブルから、登校をしぶり、保護者対応の時間が増えた」と問題が噴出しています。

　また、特別支援学級でも、「肢体不自由の児童があり 1 対 1 対応が必要だが人手が足りず、転倒、ケガにつながった」「通常は 1 対 1 の個別指導と小集団指導を行うが、個別指導の時間に教員 1 人が2人の児童を見ることになった。担当教員の急な変更もあり、児童が不安定な状態になった。教員 1 人当たりの担当児童数が、上限の 12 名を超した」と学習が成り立っていません。

さらに、「昨年度は7名の病休者が出たが、欠員のまま年度末まで回さなければならなかった。今年度もいつ同じ状況になるか心配のまま働いている」「産休3か月前の教員が運動会をフルで仕事しなきゃ回らない状況。妊婦が運動会に携わるのは危険」と、学校は危機的な状態となっています。

　一方、東京都の2023年の教員採用試験の倍率は、小学校1.1倍、全体でも1.6倍と過去最低で、首都圏各自治体と比べて倍率の低さが際立っています。東京都の魅力のなさが感じられます。

## ◆東京都教育委員会の的外れ施策

　深刻な事態となっている教員不足に対して、東京都教育委員会期は、2024年度から次のような対策を発表しました。

　即戦力となる中堅職員確保のため、小中高と特別支援学校「キャリア採用」枠を設け、他県等で正規教員として8年以上経験のある30歳以上を主任教諭として任用する。精神疾患による休職率や、新規採用1年以内の離職減のために、先輩教員が新任教員の相談役になる。新任教員や若手教員が学校内で円滑な人間関係を築くためのヒントやアドバイスが書かれた「若手教員等とのコミュニケーションの手引」や、学校現場で使われている専門用語や略語などをまとめた辞書「教育用語集」を作成する。

　しかし、教員不足は、東京都だけでなく全国的な問題であり、他県からの引き抜きでは解決にはならないし、現行の社会人採用等も採用数の約3％しかなく、根本的な対策とはなりません。メンター制度は、現在も、「初任者研修」があり、年25日程度、指導教員が付いて研修することになっています。さらに、校内でメンター教員を付けますが、「悲鳴をあげる学校」の実態の中で、さらに過重な負担を強いる危険があります。「コミュニケーションの手引き」「用語集」には、画一化とマニュアル化という人間性を軽んじる都教委の発想がよく表れています。

## ◆教育と先生に自由を

　東京都は、1998年に、職員会議を校長の補助機関とし、設置も校長の決定に委ねるとしました。2003年10月23日の通達では、国旗に向かって起立し国歌を斉唱しない教員、君が代をピアノで伴奏しない教員を懲戒処分にするとし、20年間に延べ484人を懲戒処分にしました。この規則通達は今も生き続けています。都は一貫して、教員の自由な意見表明を敵視し、思想信条の自由を制限し、上意下達の強権的な管理を進めてきました。さらに、学習指導要領によって教員一人一人の学習方法まで画一化し、それを強制することが進行しています。ここに、学校の息苦しさと教員がやりがいを失う原因があります。

　画一化と強制が教職への希望を失くし、早期離職や希望者減少となっていることは明らかです。画一化と強制の典型である「週案」「学習指導案」は、文科省も「週案の反省記入廃止」「型にこだわらない指導案作成」を「働き方改革」の事例としています。このように形式化した「反省」や「型」ではなく、教員一人ひとりを信頼し、子どもとの協力を基にした教育方法を認めることや、学校での自由な意見表明と交流を進める教育行政に転換する必要があります。

　そして、都独自の中長期的な教員需給計画を作成し、都予算で「正規採用教員」をふやし、30人学級に踏み切り、教職員の過剰負担を改善すれば、子どもたちにとっても、先生との関係がより良いものになることは明らかです。東京都の豊かな財政力で、子ども・教育・福祉中心に転換することが求められます。

# 5 東京都スクールカウンセラーが大量雇い止め
## 専門性を蔑ろにする東京都政

　非正規公務員が公務員に占める割合が増大しています。「東京春闘共闘会議」の2022年度調査では、東京都内の23区および市町村（島嶼部のぞく）の非正規の割合は、それぞれ37％と50％となっているとのことです。

　東京都に採用される公務員も例外ではなく、多くが非正規公務員として働いています。

　2020年4月から地方公務員法の改正により、ほとんどの非正規公務員が「会計年度任用職員」という任用形態に移行し、働いていますが、この制度によって不安定さが促進されていると指摘されていたところ、会計年度任用職員の東京都スクールカウンセラー（以下、東京都SC）が2024年3月末で大量に雇い止めされるという事態が発生しました。

　会計年度任用職員制度がはじまって以来の大量雇い止めとして問題となりました。

### ◆なぜ雇い止めが起きるのか

　東京都SCは、問題となっている会計年度任用職員として任用されています。この制度が始まる以前は特別職非常勤として、1年任用を繰り返し更新する形で働いていたわけですが、会計年度任用職員制度がはじまると同時に任用更新の限度がつけられることになりました。4回更新の5年限度というものです。特別職非常勤時代から、1年任用の繰り返しということで不安定ではあったのですが、経験や実績を積んだ東京都SCは10年や20年と更新を経て継続的に働くことができていました。しかし、制度移行に伴い更新限度がついたことで、定

| | 採用 | 不合格者 |
|---|---|---|
| 0年 | 60.0% | 40.0% |
| 1～5年 | 91.3 | 7.2 |
| 6～10年 | 67.3 | 30.7 |
| 11～15年 | 66.9 | 32.0 |
| 16～20年 | 59.3 | 35.8 |
| 21年以上 | 61.7 | 36.2 |
| 1年以上 | 72.5 | 25.5 |
| 総計 | 72.1 | 26.0 |

限度を迎えることとなり、ベテランのスクールカウンセラー（以下、SC）の多くが、全くの新規応募者の扱いとなり、5年以上勤務者の22.8%が「不採用」となり、5人に1人が事実上の雇い止めとなってしまったのです。

　新規応募者の扱いなので、「不採用」の根拠は説明されず、理由もわからないまま、経験豊富なベテランたちが首を切られました。会計年度任用職員制度は非正規公務員の待遇改善を銘打ってできた制度ですが、その実は、理由もなく簡単に首を切れる不安定雇用だったのです。

　ちなみに、民間の有期雇用労働者であれば、労働契約法の規制によって、雇い止めについては合理的な説明がないとできないことになっており、また、5年以上継続的に雇用されている場合は、無期転換権が認められます。しかし、会計年度任用職員には労働契約法は適用されず、民間労働者であれば適用される雇用規制からも排除されています。

　首が簡単に切れる「会計年度任用職員制度」は近年の労働政策において最も悪辣な制度だと言えるでしょう。

|  | 採用 | 不合格者 |
|---|---|---|
| 20代 | 83.3% | 16.7% |
| 30代 | 77.4 | 21.3 |
| 40代 | 76.4 | 21.5 |
| 50代 | 65.3 | 32.6 |
| 60代以上 | 66.7 | 31.0 |
| 総計 | 72.1 | 26.0 |

## ◆ベテラン狙い撃ちの雇い止め!?

　心理職ユニオン（東京公務公共一般労働組合心理職一般支部）は、大量雇い止めの問題に対して、対応を迫られました。まずは状況を把握するために、採用状況調査アンケートを行いました。そのアンケートの結果（合計728回答）からは、勤続年数が長く、年齢が比較的高い層の雇い止め率が高い様子が現れ、大量雇い止めがベテランを狙い撃ちにしているのではと疑わざるを得ないものでした。

　図表1は勤続年数別に採用・不採用（不合格）の割合を表したものですが、勤続年数が長ければ長いほど不合格の割合が高くなっていることがわかります。また図表2は、年齢別の非採用者割合についてですが、こちらも年齢が高いほど不合格者の割合が高いです。このように、これまで長年尽くしてきたベテランSCが多数雇い止めの被害に遭っているのです。継続的に任用されていたということは、それだけ評価され信頼されていたはずですが、積み重ねてきたキャリアが理由もわからずに否定されるという大きな矛盾となります。専門職にとって、これほどの屈辱はありません。

## ◆最大の問題はSCの専門性の否定

　心理職ユニオンには、雇い止めに関わっての労働相談が多数寄せられ、駆け込みの組合加入が相次ぎました。そして東京都教育委員

次年度の採用が「不採用」もしくは「補充任用候補者」となった方にお聞きします。
この結果についてどのように感じますか？当てはまるものを全て選択してください。

| 回答総数 | 205 | |
|---|---|---|
| 正当な判断だと思う | 14 | 6.8% |
| 採用とならなかった理由がわからず納得できない | 161 | 78.5% |
| 長年にわたってスクールカウンセラーとして働いてきたのに採用してもらえないのは理不尽 | 138 | 67.3% |
| スクールカウンセラーの収入がなくなるかもしれず、次年度の生活がとても不安だ | 153 | 74.6% |
| 勤務する学校の管理職や教員なども、自分が採用とならなかったことに困惑している | 135 | 65.9% |
| その他 | 23 | 11.2% |

会（以下、都教委）に対して団体交渉を申し入れました。最大の解明事項は、採用基準についてでした。なぜ、ベテランのSCをこんなにも大量に首切りしたのか、その基準はなんだったのか。都教委はその回答として、採用については「面接で決めている」とし「これまでの東京都SCとしての経験や勤務評価は考慮していない」としました。通常、人を採用する際には、その職場での経験や実績を当然考慮した上で採用しますが、そもそも当たり前のことを都教委はやっていなかったのです。たった20分程度の面接で採用・不採用を決めたというのです。

　しかし、一方で、雇い止めとなった多くの東京都SCから聞かれたのは、学校の管理者から「高い評価をつけたはずなのになぜ雇い止めになったのか」と困惑や怒りが噴出しているという話でした。頼りにし評価していたSCが突然いなくなってしまうことへの不満が起きていたのです。アンケート調査でも、不採用者に「不採用の結果についてどのように感じるか」と問うたところ（図表3）、採用とならなかった

理由がわからず納得できないという回答を選択している者が約8割、また、「管理職や教員が困惑している」と回答している者が約65％となっています。現場での評価が良かったにも関わらず、不採用となっており、なぜ採用とならなかったのかわからないのです。

　現場の声も無視し、経験や実績を無視し、大量にベテランを首切りにした都教委の最大の問題は、SCの専門性を蔑ろにし、否定していることです。専門職に対して、どれだけ活躍していようが、いつでもとって変えられる人たち程度にしか考えていないということが大量雇い止め問題にみて取れます。

## ◆専門職の不安定さはサービスの劣化につながる

　SCの仕事は、不登校、いじめ、虐待、ヤングケアラー、その他様々な問題を抱える児童生徒・保護者のケアや支援をする非常に専門的な重要な仕事です。しかしながら、そのカウンセラー自身が不安定な雇用状態に置かれ、生活を脅かされながら仕事しています。不安定な立場では専門性も十分に発揮できない恐れもあり、いくら長年尽くしてきても、評価がされない、そんな状況で質の高いサービスが担保されるのでしょうか。

　SCだけでなく、保育職や学童指導員、図書館司書や消費生活相談員など、多くの専門職が会計年度任用職員で雇用されています。これらの専門職は不安定かつ劣悪な労働環境・労働条件の中でも必死に公共サービスを担っていますが、専門性を蔑ろにし、踏みつけるようなやり方では、限界がくるでしょう。

　国・自治体や行政だけの責任ではありません。労働組合も問われています。会計年度任用職員で働く専門職たちの労働組合をつくり、闘っていくことで公共を取り戻していく必要があります。我々の社会が、そして私たち自身が試されています。

# 東京都、特別区は人材獲得競争からこぼれ落ちたか‼

## 遠のく「選ばれる都庁」「選ばれる基礎自治体」

　2024年1月14日読売新聞は「地方公務員の採用試験、過去30年間で最も低い5.2倍……23年間で競争率半減」という見出しで、2022年度の地方公務員の採用試験の倍率は5.2倍（前年度比0.6ポイント減）となり、過去30年間で最低となったことが総務省のまとめで分かった。少子化に加え、待遇などへの不満から受験者数が減ったことなどが要因とみられる」と報じました。

　総務省のまとめとは、「令和4年度地方公共団体の勤務条件等に関する調査結果」のことです。その中の「表17　競争試験における受験者数、合格者数、採用者数、競争率の推移」では、全国の地方公共団体（都道府県・市区・町村）合計で大学卒業程度試験の競争率（＝合格倍率：合格者数／受験者数）が5.3倍となっています。

　図表1を見てください。2022年度（令和4年度）の東京都の同試験の合格倍率は2.8倍と全国の5.3倍の約半分にとどまっています。翌2023年度（令和5年度）は東京都、特別区ともに2.4倍とさらに低下しました。

　2023年度（令和5年度）は、いわゆる四大技術職と呼ばれる土木・建築・機械・電気は東京都、特別区ともすべての試験区分で合格倍率が1倍台という結果になっています。また、採用予定数が最も多く、また、これまで試験区分の中で高い倍率であった行政（東京都）・事務（特別区）で、東京都2.4倍、特別区2.5倍と3倍を割っています。

　東京都、特別区ともに採用予定者数が増加傾向にあることが合格倍率低下の要因の一つとは言えますが、受験者数の減少は否定できません。図表2にあるように、2023年度（令和5年度）は東京都、特

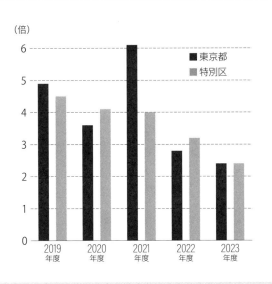

別区ともに過去5年間で最低の受験者数となっています。

　2024年度（令和6年度）東京都のⅠ類B採用試験（一般試験）の採用予定者数は859名、2023年度（令和5年度）が781名で78名増となっています。特別区の2024年度（令和6年度）Ⅰ類採用試験（春試験）の採用予定者数は2,028名程度、2023年度（令和5年度）が1,751名程度で277名増となっています。東京都も特別区も採用予定者数が相当程度増えていますので、受験者数が横ばいであったとしても合格倍率は下がります。仮に、受験者の減少傾向が止まらなければ、採用予定者数を下回る採用区分が発生する危惧さえ感じられます。

　2022年（令和4年）東京都人事委員会勧告（職員の給与に関する報告と勧告）の「人事制度及び勤務環境等に関する報告（意見）」では、「若年労働人口が減少し、国、他自治体、民間企業等との人材獲得競争が激化する中において、働きたい職場として、多くの志ある人材に『選ばれる都庁』へと進化していくことを期待するものである」、2023

**図表2●東京都、特別区Ⅰ類採用試験受験者数の推移**

| | 受験者数 | |
|---|---|---|
| | 東京都 | 特別区 |
| 2019年度 | 3,660 | 13,470 |
| 2020年度 | 2,506 | 16,860 |
| 2021年度 | 2,493 | 13,426 |
| 2022年度 | 2,770 | 10,975 |
| 2023年度 | 2,429 | 10,179 |

年（令和5年）の同項目では「企業の考え方や就業者の意識の変化を十分に考慮し、多くの人から『選ばれる都庁』とするための取組を、法令上の制約を踏まえつつも、これまでの枠組みにとらわれず、時期を逸することなく自ら積極的に進めることが必要である」とし、「選ばれる都庁」を強調しています。

2023年（令和5年）特別区人事委員会勧告（職員の給与等に関する報告及び勧告）の人事委員会委員長談話では「組織を担う『人』の成長が、特別区全体の更なる魅力向上につながり、『選ばれる基礎自治体』になることを期待しています」とし、「選ばれる基礎自治体」と強調しています。

先に見たように全国の地方自治体の合格倍率からも相当低い実態から、「選ばれていない東京都」「選ばれていない特別区」の危機感を募らせていることの裏返しとして、「選ばれる都庁」や「選ばれる基礎自治体」というフレーズが使われているとも思われます。

東京都人事委員会はⅠ類B採用試験、特別区人事委員会はⅠ類採用試験の採用候補者名簿の有効期間を3年間にするといった合格者を「長く確保」する対応を取るなど、新たな人材確保策を講じますが、そもそも、なぜ受験者数が減少しているのかを丁寧に調査・分析することが早急に求められています。

しかし、受験者増に向けた企画や採用試験・選考の変更、試験の種類や試験区分の増加等業務過多によってそれぞれの人事委員会も、そのような調査・分析の業務が充分できる状況にないのではと推察されます。

　一方、東京都知事部局としては総務局人事部が、特別区長会としては人事・厚生事務組合人事企画部がその担任事務にあたる組織と思われますが、こちらも余裕がない状況にあると思われます。

　受験者を増やすために、この間、多くのイベント、考えられた動画の公開、工夫されたパンフレットの作成・普及など様々な努力が続けられていますが、残念ながら、回復基調になる兆しは見えてきません。思い切って、人事委員会や任命権者側の担当部の人員を増やし、なぜ公務職場の人気がなくなってきたのか、なぜ東京都、特別区は人気がないのか、民間企業の給与、福利厚生、職場環境などの調査・分析といった総合的に人材確保の検討ができる体制強化が、早急に求められていると思います。すでに、区によっては年度当初から「欠員」となる職種もあるやに聞きます。このまま、この状態が広がっていけば、より「公務はたいへん」の悪循環が強まり、多くの部署で業務がまわらなくなり、いよいよ住民サービスの停滞や低下現象が顕著になってくることでしょう。そうならないように、今、真剣な手立てを打つ必要があります。

# 4

# 社会保障、医療、 公衆衛生、ジェンダー

本章では、社会保障、医療、公衆衛生、ジェンダーをめぐる問題を取り上げる。

1では、小池都政によって独立行政法人化された都立病院・公社病院の現状と課題を明らかにしていく。

2ではコロナ禍での保健所の課題を検証する。

3では、東京都の高齢者福祉・介護保障についての現状とあるべき政策を論じる。

4では、東京の障害者福祉の現状を取り上げる。

5では、コロナ禍を経た東京の貧困・生活困窮の現在の特徴、都政などの行政にどのような対策が求められているかを論じる。

6では、女性支援団体に対する激しい攻撃・中傷が行われている現状において、東京都の困難女性支援政策はどうあるべきかを検証する。

7では、東京都の「官製婚活」事業を批判する。

# 1 独立行政法人化された 都立・公社病院
## 今一番課題となっていること

　都立・公社14病院が2022年7月地方独立行政法人化されて以降、コロナ対応による職員の疲弊や賃金体系の改悪などにより退職が増加し、診療規模縮小、医療機能の低下が顕著になってきました。

　都内のコロナ対応では、都内病床の約6％で都全体の約3割の「コロナ病床」を確保し、重症者を積極的に受け入れてきました。都民生活に必要な行政的医療や都全域のセンター的役割を持つ医療の提供のため、独立行政法人化（以下、独法化）による「経営効率化最優先」を改めさせ、都民の頼れる病院にしていくために問題点を明らかにします。

### ◆職員確保ができずに病棟閉鎖、診療規模縮小の危機

　1年8か月経過した14病院の課題は医師、看護師の必要数を確保できていないことです。新型コロナ対応で、職員配置を院内で調整し、コロナ患者受け入れ病床への重点配置した時期に生じた閉鎖病床が今なおそのままとなっている病院もあります

　独法化で職員の賃金体系が改悪され、入職から8年で昇格しないと給与は横ばい、キャリアを積んだ看護師が見切りをつけてしまうなどの状況が生まれています。専門技術の蓄積が減少しています。医療の安全性が後退し、看護サービスへの質的変化が心配されています。

　人手不足で14病院7200床のうち760床が昨年から閉鎖されたままです（図表1）。さらに不明となっている病院を加えれば800床を超える事態です。都当局が都議会や都民に「独法化の優位性」

| 病院名 | 特徴的主な医療機能 | 病床 | 閉鎖病棟 | 休床 |
|---|---|---|---|---|
| 旧都立 | | | | |
| 墨東病院 | 救急、感染、母子、精神救急 | 765 | 1 | 47 |
| 駒込病院 | がん、感染 | 815 | 2 | 67 |
| 大塚病院 | 救急、母子、リウマチ | 508 | 4 | 167 |
| 広尾病院 | 救命、災害基幹、精神、島しょ | 478 | 1 | 42 |
| 松沢病院 | 精神救急、精神身体合併症 | 898 | 3 | 105 |
| 多摩総合医療センター | 救命、精神救急、感染、結核 | 705 | 1 | 39 |
| 小児総合医療センター | 小児専門、救急、精神、母子 | 561 | 3 | 66 |
| 神経病院 | 神経難病 | 304 | 1 | 28 |
| 旧公社 | | | | |
| 大久保病院 | 総合機能、腎医療、救急 | 304 | 1 | 27 |
| 豊島病院 | 救急、感染、精神科救急 | 411 | 2 | 44 |
| 荏原病院 | 総合機能、感染 | 455 | 3 | 135 |
| 多摩北部医療センター | 救急、総合機能 | 343 | | |
| 東部地域病院 | 救急、総合機能 | 314 | | |
| 多摩南部地域病院 | 救急、総合機能 | 287 | | |
| 14病院計 | | 7148 | 22 | 767 |

として、「必要な人員を機動的・柔軟・迅速に配置するため予算活用を行い、その都度、最も必要な事業を継続する」と説明・宣伝していたことは全く実態を伴っていませんでした。

### ◆独法病院の急性期病床・休止のままでは、「病床返上・病床機能変更」が地域医療構想で狙われる

病床閉鎖をいつ解除できるのかは不明です。閉鎖病床が解消されない事態が継続すると、「病床返上・病床機能変更」などの措置が講じられ、行政的医療を含め、大幅な縮小となってきます。

国は、公立病院については地域医療構想で各医療圏「急性期病床削減」対象としています。公立病院の医療機能は各都道府県の

知事の権限で変えることができます。

これまでの都内の各医療圏の地域調整会議では、休止病床の今後をどうするのかなど今後の病院の運営について事業計画を出すことを求めています。休止状態のままでは医療規模の縮小された病院になってしまいます。

## ◆病院におけるPFI導入・東京都の割合が全国の半分を超える

全国の病院における独立行政法人は約900、PFI導入は17病院となっています。経費悪化のためPFI（Private Finance Initiative）は中断され、指定管理者などの運営に変わってきています。PFIによる病院は図表2にあるように、大阪成人病センター以降、導入の期間が空いていますが、都立病院機構は第二次多摩キャンパス（都立多摩総合医療センター、都立小児総合医療センター、都立神経病院）をPFIですすめています。

さらに、広尾病院と広尾看護専門学校を一体とした建設・運営に1000億円規模のPFI導入を決め、北部医療センターの大規模改修でもPFI導入をすすめるなど病院の職員不足で病床稼働が低下している中で、東京都ではPFIが活況を呈しています。

高知医療センターから始まった病院のPFI事業は17病院（都独法病院既導入5、計画中2、期限終了二回目契約2）の内、多摩総合医療センター・小児総合医療センターの2回目を入れると9病院、広尾病院、多摩北部医療センターを加えると19分の11が都の独法病院となります。また、都独法関係での費用は8000億円に迫り、全国の計画中を含む総額の約60％を占め、病院のPFI事業は都独法が先導しています。都関係の独法は建設、維持管理、サービス関連各分野の全面的な委託で医療行為以外は委託先のSPC会社（特別目的会社＝Special Purpose Company）に丸投げする方式です。

この間PFI委託会社への経費は、図表2にあるVFM（バリュー・フォー・マネー＝Value For Money）の数値どおりの節減効果は十分な実

| | 都立多摩<br>総合小児<br>総合神経病院 | 大阪府立<br>成人病<br>センター | 福岡<br>病院機構 | 長崎市 | 京都市 |
|---|---|---|---|---|---|
| 病床数 | 1650 | 500 | 260 | 500 | 548 |
| 業者選定 | 2022.2 | 2012.11 | 2011.8 | 20101.8 | 2009.11 |
| 運営期間 | 19年 | 15年 | 15年 | 18年 | 15年 |
| 落札価格　億円 | 789.62 | 258.43 | 154 | 164.2 | 853.1 |
| VFM 節減効果 | 8% | 4.6% | 9.3% | 18% | 5.6% |

| | 神奈川県立<br>がん<br>センター | 大阪府<br>精神医療<br>センター | 愛媛県立<br>中央 | 国立<br>筑波大学 | 都立<br>松沢 |
|---|---|---|---|---|---|
| 病床数 | 415 | 473 | 823 | 800 | 897 |
| 業者選定 | 2009.12 | 2009.12 | 2008.8 | 2008.8 | 2008.3 |
| 運営期間 | 20年 | 15年 | 20 | 20 | 15 |
| 落札価格　億円 | 661.49 | 201.34 | 1911.71 | 1133.98 | 735.26 |
| VFM 節減効果 | 4.3 ～ 8.9 | 約 10% | 5.4% | 5.3% | 4.6% |

| | 都立<br>駒込 | 都立<br>多摩総合<br>小児総合 | 島根<br>こころ医療<br>センター | 八尾<br>市立病院 |
|---|---|---|---|---|
| 病床数 | 826 | 1350 | 242 | 380 |
| 業者選定 | 2006.1 | 2005.1 | 2005.2 | 2003.7 |
| 運営期間 | 17 | 15 | 15 | 15 |
| 落札価格　億円 | 1861.5 | 2490.9 | 88.5 | 407.4 |
| VFM 節減効果 | 4.9% | 2.3% | 9% | 6.3% |

都計画　①広尾病院．看護学校 2024 年 3 月落札 886 億 4270 万円
　　　　②970 億円多摩総キャンパス 789 億円
　　　　③北部多摩総合医療センター PFI 計画中

注）
2002 年高知医療センター 646 床 28 年間 259.3 億円
⇒PFI 工事完了開院 1 月で PFI から企業団に変更
2002 年近江八幡市民病院 434 床 661 億円⇒PFI 経費増大で契約解除

証がされていません。

## ◆PFI事業の導入による「効果・有効性」の検証が不十分なまま拡大し続けて良いのか

独法化以前、都の所管であった病院経営本部は、駒込病院10年、多摩総合医療センター・小児総合医療センター9年、松沢病院が7年経過した時点で、それぞれ「検証」をまとめていますが、検証では事業者である「SPC」の業務実績は、「ほぼ都の期待にそったものとなっている」といった総括的な評価に立ち、PFI事業のさらなる拡大に向かっています。

PFIの特徴は①建設時など大きな支出に対し一時的かつ効率的施行等で財政負担が縮減できる。②利用者、職員へのサービス水準の向上が期待出来るなどと言われてきましたが結果はどの様になったのかは十分明確ではありません。VFM（バリュー・フォー・マネー、委託でより良い節減効果）についても、その実績と評価は明確なものとはなっていません。

この検証のVFMについて、病院経営本部は都議会で「国において、事後評価としてのVFMについては、特にガイドラインに示してはおりません。やはりこの問題の困難さを示していると思います」と答弁し、経費の効率化は実証されないままになっています。国が推奨する方式ですが、十分な検証がないままになっています。

また、この検証では病院経営の中で大きな支出となる診療材料、医薬品などの安定・適切価格での購入と管理などは従来から懸案であったものが引き続き課題だとされています。SPC事業者の購入経費増加は都立病院機構本部に転嫁され、予算枠を超過しての支出が課題とされています。

こうした「調達」業務やサービス部門の委託業者の対応は病院職員の意向や患者要望にそって円滑に行われているのか、引き続

き検証する必要があります。

## ◆病院PFIのモデルとなった独法病院は患者と職員に何をもたらすのか！　拡大し続ける病院PFIは一度立ち止まり、検証を行わせよう

　SPC事業者の下で働く医療関連サービス部門の多くの労働者は下請け専門業者のもと低賃金で働いています。業務にあたっては制限が多い勤務となっています。病院の直接雇用職員はPFIにより極めて限定的になっています。下請け、非正規の働く人々を多く作り出す仕組みです。雇用関係や背景は何もわからず現場で働く病院職員は必要なサービスを提供するだけとなります。

　PFI事業は病院では対人サービスが集約された分野ですが、不安定・低賃金では質の高い安心できるサービスがどこまで期待できるのか判然としません。

　PFI事業の規模が拡大し総事業費が膨らむ一方、新たな2病院でさらに増大します。

　病院運営にとって、患者サービス向上や職員処遇を前進させ、安心・安全な病院を運営し、信頼されることが都民医療を支える根幹です。

　利益を生み出すための企業優位の仕組みであるPFIを検証・解明し、病院財源が患者と都民と職員に有効に活用されるものとするための仕組みを求めましょう。

# 2 コロナ禍での保健所はどうだったのか

　新型コロナ感染症の位置づけが2023年5月8日以降「5類感染症」になっても、収束することもなく第9波、第10波は起こり、医療逼迫は続き、その経験が生かされないまま、能登半島地震被災地の避難所で様々な感染症が蔓延しています。日本国憲法第25条を根拠に、住民のいのちと健康を衛る公衆衛生の第一線機関である保健所は、今もなお未知の感染症対策の最前線に立たされています。

## ◆コロナ禍での保健所

　1997年地域保健法施行以降、保健所削減に伴い保健師をはじめ保健所職員は定数削減され、コロナ禍では「死ぬか、辞めるか」の過労死ラインを超える長時間労働を強いられ、電話口から「こぼれ落ちるいのち」を経験しました。東京・特別区では21区で複数あった保健所が1保健所に統合されました。三多摩地域を所管とする東京都保健所では18保健所・14保健相談所が統廃合され13保健所に、さらに二次医療圏に2か所となり8保健所に再統合されています。2007年度に八王子市が中核市保健所となり、2011年度に町田市が政令市保健所となり、三多摩の東京都保健所は6か所まで減少しました(図表1)。人口100万人を管轄する多摩府中保健所、広大な面積を管轄する西多摩保健所、管轄地域が複数の市町村になり、保健所は身近な存在から程遠くなりました。また陽性者の食糧配布の問題では個人情報を盾に東京都が市町村に陽性者の情報を提供せず、食糧配布が届かないと報道され、特別区との支援の差が浮き彫りになりました。

| | | | | | | | | |
|---|---|---|---|---|---|---|---|---|
| 1990 年度 | 東京都 | 17→18 +1 | | | | | | |
| 1997 年度 | 東京都 | 18→13 △5 | 台東区 | 2→1 △1 | | | | |
| | 目黒区 | 2→1 △1 | 大田区 | 4→1 △3 | 世田谷区 4→1 △3 | | | |
| | 杉並区 | 3→1 △2 | 北区 | 3→1 △2 | 板橋区 3→1 △1 | | | |
| 1998 年度 | 港区 | 3→1 △2 | 中野区 | 2→1 △1 | | | | |
| 1999 年度 | 千代田区 2→1 △1 | | 新宿区 | 3→1 △2 | | | | |
| | 品川区 | 2→1 △1 | 葛飾区 | 2→1 △1 | | | | |
| 2000 年度 | 文京区 | 2→1 △1 | 墨田区 | 2→1 △1 | 江東区 2→1 △1 | | | |
| | 練馬区 | 2→1 △1 | 足立区 | 2→1 △1 | | | | |
| 2001 年度 | 中央区 | 2→1 △1 | 江戸川区 2→1 △1 | | | | | |
| 2002 年度 | 豊島区 | 2→1 △1 | | | | | | |
| 2004 年度 | 東京都 | 13→8 △5 | | | | | | |
| 2007 年度 | 東京都 | 8→7 △1 | 八王子市 | +1 | | | | |
| 2011 年度 | 東京都 | 7→6 △1 | 町田市 | +1 | | | | |

全国保健所長会ＨＰ「保健所数の推移と内訳」から筆者作成
三多摩地域の東京都保健所は18所から6所に。特別区は53所から23所に

　一方、保健相談所や障害者・高齢者・国保等の部署に分散配置された保健師たちが「応援保健師」として毎日保健所のコロナ対応に従事しました。17時15分まで保健相談所等で勤務後、タクシーで保健所に駆け付け終電までダブルワークです。毎日積みあがる陽性者カルテを前に、積極的疫学調査や入院調整は、時に住民からの理不尽な罵声を受け止めなくてはならず、心身ともに疲労困憊でした。めまい、不眠、血圧上昇、急に涙が出る、血尿、下血、月経不順、浮腫、脱水、過度の緊張、拒食・過食等からだに不調が起きていても、「しんどい」と言うことができず、いのちに直結する重圧に押しつぶされる毎日でした。そして保健師の家庭では子どもたちが強迫的に出勤する母親を見て、赤ちゃん返り、登園しぶり、不登校、落ち着きがない、暴言・暴力等で荒れ

**図表2 ● 2021年2月〜2022年1月超過勤務申請一人当たり平均時間数（時間）**

| | 課長補佐<br>（感染症保健師） | 係長<br>（感染症保健師） | 主任<br>（感染症保健師） | 係長<br>（相談所保健師） | 係長<br>（感染症事務） |
|---|---|---|---|---|---|
| 21.2〜22.2<br>合計時間数 | 615.4 | 549.3 | 505.2 | 494.4 | 444.0 |
| 内21年4月<br>（第4波頃） | 73.3 | 10.4 | 50.0 | 34.0 | 56.1 |
| 内21年8月<br>（第5波頃） | 111.4 | 105.5 | 108.4 | 89.1 | 87.4 |
| 内22年1月<br>（第6波頃） | 119.0 | 101.5 | 92.1 | 75.2 | 88.4 |

出典：職員課から情報提供された36協定に基づく超過勤務申請状況の一覧より作成

狂うのを知らされず、夫や実母が対応していたことを後日知り、このステージから降りるには「辞めるか、死ぬか」の選択しかないのかと思うほど追い詰められました。「超過勤務命令申請をする時間があるなら帰りたい」と出退勤カードを打刻しても申請しないまま放置の日々。江東区職員労働組合では職員課に保健所職員の超過勤務実態把握と36協定特別条項の適用確認のため所属と超過勤務時間（図表2）の一覧表提出を要求し、職員の健康の安全配慮義務を誰が保障するのか、と正規職員の増員を求め続けました。同時に江東区安全衛生委員会でも保健所職員やコロナ給付全部署の超過勤務問題と人員配置、ストレスチェックによる高ストレス職場の改善を検討課題に挙げ、対策の提案をしました。とうとう産業医が「人員不足が職員の健康に大きな影響を与えている」という内容の文書を提出しましたが、業務改善命令ではなく職員課長への意見書として扱われました。

　また、図表3にあるように公衆衛生医師の不足も浮き彫りになりました。江東区では保健所長、予防課長、医療主査の3人の医師しかおらず、区長や議員、医師会や医療機関、東京都、庁内危

| | 特別区 | 東京都 | 八王子市 | 町田市 |
|---|---|---|---|---|
| 定数 | 119 | 49 | 3 | 3 |
| 現員 | 61 | 33 | 2 | 3 |
| 不足数 | △58 | △16 | △1 | 0 |

出典：2023 年 12 月 6 日特別区副区長会資料より作成

機管理課等からの問い合わせに加え、昼夜を問わず救急車からの入院要請に答えなくてはならず、毎日が戦場でした。2020年6月頃から公衆衛生医師の応援派遣が開始され公衆衛生のプロとして的確な指導・助言を行ってくれるため、保健師にとって本音を言える存在となりました。

　そして、2022年5月12日Yahoo!ニュースで見た産経新聞の報道に衝撃を受けました。人口当たりの保健師数が多い自治体ほど、コロナに感染する人の割合が低いと奈良県立医科大（橿原市）のグループが研究結果（図表5）を発表し、「保健師の数を増やすことが新型コロナの感染拡大を防ぐ手段とをして有効だと科学的に示すことができた。」と結論付けたからです。調査では2020年1月〜2021年9月の人口10万人当たりの累積新規感染者数（罹患率）と保健師数（2018年末現在）を都道府県別に比較した結果、保健師数が最も多い島根県は全国2番目に感染者は少なく、保健師数が45番目に少ない東京都は感染者数が2番目に多いという結果です。江東区職労はこの論文を片手に保健師の増員要求をかかげ何度も当局と団体交渉し、発言機会のある集会ではこの論文を紹介しました。また厚生労働省は保健所の恒常的な人員体制強化を図るため2023〜2025年度に感染症対応業務に従事する保健師を1350人増やす地方財政措置を講じるとし、コロナ前の2019年全国保

**図表4●東京都・特別区における保健師数・採用者数・退職者数**

| 年度 | | 2019 | 2020 | 2021 | 2022 | 2023 |
|---|---|---|---|---|---|---|
| 保健師数 | 東京都 | 210* | 214* | 232* | 243* | 242* |
| | 特別区 | 1384* | 1436* | 1495* | 1563* | 1615* |
| 採用者数 | 東京都 | 10 | 21 | 21 | 25 | |
| | 特別区 | 120 | 113 | 125 | 145 | |
| 退職者数 | 東京都 | 10 | 6 | 12 | 10 | |
| | 特別区 | 61 | 62 | 85 | 85 | |

出典：保健師活動領域調査（厚生労働省）より作成　＊各年度5月1日現在

健師数約1800人を2023年度には約3150人とする、としました。しかし、超過勤務の常態化で心身に変調をきたし退職する保健師も例年になく増加しました（図表4）。

## ◆おわりに

　感染症対策の定石は、住民の理解と協力のもと、無症状者を含む感染者の早期発見と隔離、早期治療です。新興感染症対策の指揮をとらざるを得なかった保健所は人員や予算の余裕はなく、保健師はじめ保健所職員の自己犠牲の上で成り立っていました。危機管理対策の中心である保健所には、平時から余裕のある人員配置と十分な予算、労働安全衛生法で設置が義務付けられている安全衛生委員会の機能強化、コロナ対策の検証を踏まえた都道府県・保健所設置市・特別区における感染症予防計画の見直しが課題と考えます。

　1994年保健所法が改正されるとなったときに、私たち保健師は反対署名や議員要請など行い、保健所の必要性を住民とともに訴えてきました。私憤から公憤へ、同じ思いを抱く仲間や住民とともに運動を広げることが、「救える命は一人も見逃さない」につながるのではないでしょうか。

## 図表5 ● 10万人当たりの保健師数と感染者数の都道府県別順位

| 順位 | 都道府県 | 保健師数(人) | 順位 | 都道府県 | 感染者数(人) |
|---|---|---|---|---|---|
| 1 | 島根県 | 79.3 | 1 | 沖縄県 | 3414.7 |
| 2 | 長野県 | 77.2 | 2 | 東京都 | 2725.9 |
| 3 | 山梨県 | 76.5 | 3 | 大阪府 | 2265.3 |
| 4 | 高知県 | 73.9 | 4 | 神奈川県 | 1822.0 |
| 5 | 宮崎県 | 62.3 | 5 | 千葉県 | 1590.2 |
| 6 | 福井県 | 61.6 | 6 | 埼玉県 | 1560.1 |
| 7 | 佐賀県 | 60.2 | 7 | 福岡県 | 1448.1 |
| 8 | 岩手県 | 60.0 | 8 | 兵庫県 | 1414.7 |
| 9 | 秋田県 | 59.6 | 9 | 愛知県 | 1397.5 |
| 10 | 鳥取県 | 59.3 | 10 | 京都府 | 1373.1 |
| 11 | 北海道 | 59.3 | 11 | 奈良県 | 1155.6 |
| 12 | 富山県 | 59.1 | 12 | 北海道 | 1147.4 |
| 13 | 大分県 | 58.7 | 13 | 岐阜県 | 925.5 |
| 14 | 香川県 | 58.5 | 14 | 滋賀県 | 865.6 |
| 15 | 鹿児島県 | 58.3 | 15 | 群馬県 | 853.0 |
| 16 | 山形県 | 57.2 | 16 | 茨城県 | 844.1 |
| 17 | 福島県 | 56.9 | 17 | 三重県 | 820.7 |
| 18 | 熊本県 | 56.5 | 18 | 熊本県 | 816.8 |
| 19 | 長崎県 | 56.2 | 19 | 岡山県 | 798.6 |
| 20 | 徳島県 | 55.8 | 20 | 栃木県 | 788.0 |
| 21 | 山口県 | 55.5 | 21 | 広島県 | 771.2 |
| 22 | 新潟県 | 54.3 | 22 | 静岡県 | 730.0 |
| 23 | 青森県 | 54.2 | 23 | 大分県 | 712.6 |
| 24 | 岡山県 | 53.6 | 24 | 佐賀県 | 705.2 |
| 25 | 沖縄県 | 53.0 | 25 | 宮城県 | 702.7 |
| 26 | 和歌山県 | 52.9 | 26 | 石川県 | 689.5 |
| 27 | 愛媛県 | 51.9 | 27 | 山梨県 | 630.6 |
| 28 | 群馬県 | 51.2 | 28 | 高知県 | 587.5 |
| 29 | 滋賀県 | 50.6 | 29 | 宮崎県 | 569.9 |
| 30 | 石川県 | 49.7 | 30 | 和歌山県 | 565.9 |
| 31 | 岐阜県 | 49.5 | 31 | 鹿児島県 | 565.0 |
| 32 | 栃木県 | 49.0 | 32 | 福島県 | 511.3 |
| 33 | 宮城県 | 47.5 | 33 | 香川県 | 489.4 |
| 34 | 静岡県 | 47.0 | 34 | 富山県 | 459.1 |
| 35 | 広島県 | 46.1 | 35 | 青森県 | 456.8 |
| 36 | 京都府 | 45.8 | 36 | 長崎県 | 450.9 |
| 37 | 奈良県 | 41.0 | 37 | 徳島県 | 446.8 |
| 38 | 三重県 | 40.9 | 38 | 長野県 | 425.7 |
| 39 | 茨城県 | 40.1 | 39 | 山口県 | 411.3 |
| 40 | 愛知県 | 36.2 | 40 | 福井県 | 396.5 |
| 41 | 福岡県 | 35.8 | 41 | 愛媛県 | 384.5 |
| 42 | 千葉県 | 33.3 | 42 | 新潟県 | 352.7 |
| 43 | 兵庫県 | 32.1 | 43 | 山形県 | 324.5 |
| 44 | 埼玉県 | 30.3 | 44 | 鳥取県 | 294.4 |
| 45 | 東京都 | 28.4 | 45 | 岩手県 | 283.5 |
| 46 | 大阪府 | 25.9 | 46 | 島根県 | 239.3 |
| 47 | 神奈川県 | 23.5 | 47 | 秋田県 | 192.8 |

※奈良県立医科大の資料から作成。感染者数は令和2年1月〜令和3年9月の累計

# 3 | 充実した 高齢福祉・介護保障を 目指して

　2020年都知事選の原点になったともいえる2014年「宇都宮けんじ『総合政策集』」（希望のまち東京をつくる会）は、今日再読しても参考になる政策が掲げられています。その中の『高齢福祉・介護保険』政策についての主な政策は次のとおりでした。

## ◆高齢者福祉全体の打ち出し

（4）「お年寄りにやさしい福祉条例」で、都財政をお年寄りにやさしく活用します

〈どのような福祉条例を創り出すのでしょうか。4つの柱があります〉
　①「お年寄りにやさしい福祉条例」制定で、後期高齢者医療費負担軽減・国民健康保険料（税）値下げ・介護保険料軽減を実現できるようにします。
　②東京で、お年寄りが安心してくらしていくため年金改革をめざします。
　③お年寄りに、低負担で必要な介護が受けられるように介護保障権を確立します。
　④高齢者が孤立化せずに、ターミナルまで安心して地域で暮らし続ける仕組みをつくります。
　この4つから、現代にも通底する具体的政策を2〜3に絞り取り出しました。

## ◆①医療・介護保険料値下げ

　○ 公営国保（区市町村）の国保保険料（税）の値下げを促進します。

区市町村が、国保料（税）の値下げのための財源として、国保財政に対して国の負担率を上げることを求めます。また東京都負担を増額して、区市町村の国保財政支援を行います。

○ 国保組合（土建国保含む）に対して、東京都の補助を継続します。国保組合に対する公的補助について、国・都道府県の責任を「義務化」するために、法律改正を国に求めます。

○ 「介護保険財政安定化基金（東京都）」（33億・2013年当初予算）を増額して、市区町村の介護保険財政を支援します。他の積立金（減債基金・1兆3873億等）から、少なくとも1000億円以上を移します。それにより、保険料値下げ・減免・利用料の一部負担等の利用者の負担軽減につながるようにします。

## ◆②自治体の年金政策（注―自治体年金政策は存立しえる）

○ 東京都として、高齢者の生活を支える年金対策を取り組みます。特に、消えた年金問題について、東京都として「消えた年金問題対策室」を設置することから、始めます。全国で、いまだに未解明の年金情報は、2222万件（5090万件中）と言われています。

○ 区市町村からも参加をしてもらい、「消えた年金問題対策室」で、実態を解明して、その救済策を打ち出します。「みなし年金 受給権の付与」等の工夫を国に提言していきます。

○ 現行の国民年金の額では、東京では生活することが困難です。生活できる年金制度に改革するために、市民・市区町村・地域金融等の参加を得て、「年金改革検討委員会」を設置して、国に提言するとともに、都民にも「年金改革案」を示します。

## ◆③介護保障権の確立

○ 介護が必要なお年寄りに、切れ目のないケアサービスを24時間提供できるケアシステムを築きます。

○ 介護保険制度の「区分支給限度額」制度を廃止するよう、国

に働きかけます。「区分支給限度額」をこえる介護利用については自己負担の軽減を行うことを検討します。

○ ヘルパーと看護師がペアをつくって訪問介護・訪問看護を同時に行う「24 時間型巡回型在宅ケア」の仕組みを構築します。厚労省が制度化した「定期巡回・随時対応型訪問介護看護」は、オペレーターによる電話対応を基本とするために、重度の在宅ケアを支えることは難しいために、広がりません。制度の変更を国に求めます。

○ 特別養護老人ホームを拡充して、4万3千人を超える特養待機者を段階的にゼロにします。

○ 介護労働者の労働条件改善を国に要求します。

○ ヘルパー・デイサービス事業者の中小介護事業者の経営が悪化した場合には、区市町村と力を合わせて、経営改善を支援します。また、都の中小企業の融資制度の中に、介護事業者への特別枠を作り、無利子・無担保の資金補給を検討します。

## ◆④高齢者がターミナルまで安心して地域で暮らし続ける仕組みをつくります。

○ 「シルバーパス」の無料化を含め高齢者の交通費負担の軽減を検討します。

○ バリアフリーのまちづくりを目指します。まちの中に、高齢者が安心して出かけられるように、ベンチやトイレを増やします。また商店街にベンチを増やして、買い物がしやすい環境整備に取り組みます。

○ 東京都監察医務院は、現在、23 区を対象にしています。監察医務院の昨年の孤独死は、6000 人を超えています。多摩地域を対象にした監察医務院の設置を検討します。また孤独死をされた方の納骨の引き取り手がない場合、都営の無縁墓地をつくり、納骨できるようにします。

これらの『総合政策集・高齢者版』が実現できていれば、高齢者は、安心して東京で暮らしていけたでしょう。2024年においても高齢者福祉政策としていくつかのヒントを与えてくれます。

## ◆注目が薄かった「東京都介護行政」に光をあてる

　介護保険制度問題を取り組む運動は、主として国（厚労省中心）と国会への提言・署名活動でした。同時に３年に１度の介護保険事業計画改定毎に、介護保険料の値上げ阻止の闘いも繰り広げられました。主な相手は保険者となる区市町村（介護保険広域連合もある）です。自治体議会へ請願署名を出したり、首長交渉・介護保険課所管への要望活動などとして自治体運動として取り組まれてきました。

　その一方で、都道府県へ介護保険改善運動は、国や区市町村に比べると低調でした。その主な理由は、介護保険制度上、都道府県は義務的に財政負担していることを確認できれば、それでクリアーしているという大雑把な分析で済まされたからです。

　確かに「東京都の介護保険事業はどのようなものがあるのですか」と、問いを立てても共有できる材料がありませんでした。その介護保険分析と介護運動の弱点を補強する目的で2023年、東京都介護所管にお願いをして、東京都介護保険事業一覧の提供をしていただきました。ここでは、都介護事業（41を数える）から、東京都独自の介護事業（都単独事業）に注目します。

　10割東京都が負担をする単独事業をみると群を抜いて多いのは「介護職員借り上げ住宅」でした。この事業は、東京都財政の独自事業です。注目したのは、３か年連続して、予算額が増えていることです。2021年・９億5048万、2022年・25億8100万円、2023年・27億9892万円と、2021年から2023年は約３倍近い伸び率になっています。そして2024年（令和６年）当初予算では、30億7200万円を計上しています。

（単位：千円）

| 順位 | 介護事業名 | 2023年予算 | 2022予算 | 2021予算 |
|---|---|---|---|---|
| 1 | 東京都介護職員宿舎借り上げ支援事業 | 2,798,918 | 2,581,077 | 950,482 |
| 2 | 要介護者等の維持改善に向けた介護事業者の取組促進 | 215,000 | 0 | 0 |
| 3 | 東京都介護職員キャリアパス導入促進事業 | 149,295 | 265,632 | 390,226 |
| 4 | 介護職員奨学金返済・育成支援事業 | 135,112 | 144,116 | 127,675 |
| 5 | 在宅要介護者の受入体制整備事業 | 120,600 | 185,000 | 380,000 |
| 6 | 国民健康保険団体連合会苦情処理体制の整備 | 74,629 | 74,629 | 74,629 |
| 7 | 介護保険財政安定化基金貸付金・交付金 | 70,000 | 70,000 | 70,000 |
| 8 | 介護サービス事業所のBCP策定支援事業 | 25,388 | 0 | 0 |
| 9 | 介護支援専門員名簿管理 | 23,524 | 22,995 | 58,824 |
| 10 | 介護保険審査会の運営 | 1,324 | 1,349 | 1,208 |

　１戸当たり月８万２千円。負担割合・都８分の７、事業者８分の１を基本とします。

　介護の仕事をしている方たちを支援する仕組みである「宿舎借り上げ事業」は、介護だけではなく、保育分野にもあります。「宿舎借り上げ事業」は、東京の都市問題（地価高騰・賃貸住宅費高騰）を少しでも軽減して、介護・保育のケアワーカーが東京で居住して定着していくための政策としては、有効です。期待も高いために、予算額も伸びてきました。これからも『宿舎借り上げ事業』は、予算を増やすことになるでしょう。

　「２　要介護者等の維持改善・介護事業者取組促進」は、令和６年度都予算の説明では、次のようになっています。

　「科学的介護の実現を目指し、導入の意義やメリット等を周知す

るとともに、要介護等の維持・改善に資する取組を行った事業所（以下略）」

　2024年予算（令和6年度）も2億1500万円の予算が計上されています。2023年から開始されこの事業は、「科学的介護」促進です。「科学的介護」とは、社会福祉学や介護福祉学の社会科学の「科学」ではありません。「介護ロボット」「介護DX」のことを指しています。名称の「科学的介護」にも大きな違和感がありますが、介護現場の生産性向上になると政府サイドの政策です。それを応援する東京都の単独事業です。

　東京都単独事業の中間総括は、介護ケアワーカーにプラスになる補助金とプラスかマイナスか不明朗な補助金が混入しているということです。

### ◆東京都は、2024（令和6）年予算で介護職員へ現金給付事業を開始

　東京都は、2023年10月に『介護報酬改訂等に関する緊急提言』（以下、「2023・都介護提言」と略）を出しました。介護危機が進行する中、東京都としても対応が迫られていました。介護問題について東京都の提言は、初めてではありません。先行したは2014年9月「介護報酬改定等に関する緊急提言」があります。

　『2023・都介護提言』は、5つの提言に収斂させて『介護保険制度のツボ』を突いたと介護関係者の中で評判になりました。この提言先は、国家（内閣府・厚労省・財務省等）に対してです。注目を集めた5つの提言を示しておきます。

提言1　介護報酬改定について、人件費割合や物件費・土地建物の取得費等の実施の把握・分析を行った上で、東京の実態に合わせ、介護報酬へ適切に反映すること。

提言2　現下の物価高騰の影響も踏まえ、介護事業所・施設が安

定的・継続的に事業運営できるよう、介護報酬に適切に反映すること。

提言３　介護保険施設の居住費・食費の基準費用額について、東京の地価等を反映したものとするとともに、物価高騰の影響についても、適切に反映できる仕組みとすること。

提言４　介護事業者が介護人材の確保・育成・定着を図り、事業運営を安定的に行うことができる介護報酬とすること。

提言５　介護支援専門員の安定的な確保を図るため、処遇を改善すること

　この５つの提言の特徴は、東京の都市問題（高い地価による経営のコスト高・生活費の高さ）を反映した介護報酬改定にすること、物価高騰は介護を直撃しているためにそれを加味した介護報酬改定にすること、そして行政側からの提言としてはじめてとなる介護支援専門員（ケアマネジャー）の処遇改善を強調して提言に入れたことです。

　ケアマネジャー不足も深刻です。その反映とはいえ行政側からケアマネジャーの処遇改善提言は、初めてでした。東京都が「緊急提言」に入れたことは、意義深く新鮮でした。

　そして提言に見合った国の介護報酬ではないため、東京都は新年度2024（令和6）年予算において、国に先駆けて、介護事業所を経由してケアワーカーへの現金給付事業を開始しました。

＜福祉局＞
新　介護職員・介護支援専門員居住支援特別手当事業

　国が必要な見直しを講じるまでの間、居住支援特別手当を介護職員等に支給する介護サービス事業所を支援する

手当額　月額　1万円　（勤続5年目までの介護職員には1万円を加算）

　東京都が計上した予算額は、284億8800万円です。ケアマネジャーも対象となりました。2024年度は、7月7日に東京都知事選挙を控えていることもあり、福祉・介護に予算を配分していることを小池知事が自慢したいという推測もあります。そのことを差し引いても、介護職員に居住手当を国に先行して実施できたことは、すでに紹介した5つの『2023・都介護提言』があったからです。

　10年前の宇都宮『総合政策・高齢者福祉』は、「介護労働者の労働条件改善を国に要求します」としています。東京都の豊かな財政を考えると、国に先行して実行できることを明文化してもよかったのだろうと振り返りができます。東京都の介護行政所管は、小池カラーに染まることなく、独自に介護政策づくりと予算獲得に取り組んだことが伺えます。

### ◆高齢福祉・介護の東京都独自事業の余地はまだある

　介護のケアワーカーが不足する予測は、新聞マスコミでくり返し流されています。団塊の世代が85歳になる時、介護人材不足は70万人になるとされています。介護職員の低賃金や労働のきつさに加えて、介護保険改悪の情報が日々流れていくと誰が介護のケアワーカーを担うのか、心配の種はつきません。

　介護福祉士養成を担っている「介護福祉士養成施設」は、減少傾向が止まりません。

　東京都内に現在19校の「介護福祉士養成施設」があります。全国で約300。その1割になると30くらいは、東京都に「介護福祉士養成施設」があってもよいはずです。少ないのではないでしょうか。筆者は、健和会医療福祉調査室・室長として「千住介護福祉専門学校」の立ち上げにコミットしてきました。入学者の確保

（単位：千円）

| 年度 | 2019年度 | 2020年度 | 2021年度 | 2022年度 | 2023年度 |
|---|---|---|---|---|---|
| 養成施設数（課程） | 375 | 347 | 327 | 314 | 296 |
| 入学定員数（人） | 14,387 | 13,659 | 13,040 | 12,467 | 12,089 |
| 入学者数（人） | 6,982 | 7,048 | 7,183 | 6,802 | 6,197 |
| うち新卒者等 | 4,180 | 3,941 | 4,288 | 4,296 | 3,930 |
| うち離職者訓練受入数 | 765 | 712 | 706 | 626 | 465 |
| うち外国人留学生数（人・国数） | 2027(26) | 2395(20) | 2189(28) | 1880(22) | 1802(25) |
| 定数充足率（%）（全体） | 48.5 | 51.6 | 55.1 | 54.6 | 51.3 |

出典）『介護福祉士養成施設協会・令和 5 年度介護福祉士施設の入学定員充足状況等に関する調査の結果について』

は、今も一苦労しています。

　行政は、どのような支援の課題があるのでしょう。

　介護ケアワーカーを増やす必要性については、だれもが認めることです。国の施策として「介護人材確保対策事業」はありますが、ここ止まりでした。

「練馬区　高齢者保健福祉計画・介護事業計画・（第9期）」に新しい取り組みとして「練馬光が丘病院跡施設において、令和7年度の開設を目指し、介護福祉士養成施設の整備をすすめています」と減少傾向にある「介護福祉士養成施設」建設に着手していることが分かります。

　区政の先行例は、品川区です。品川区社会福祉協議会の運営として「品川介護福祉士専門学校」が1995（平成7）年に開校しました。区の主導によるものです。

　そして練馬区は、減少傾向のなかで養成校新設に取り組むことを目指しています。介護福祉士を目指す学生さんに対して、区独

自に「宿舎借り上げ事業」（月5万円・法人へ7／8補助）も用意されています。練馬区の高齢福祉・介護政策がすべてよいということではありませんが、時代の流れに抵抗して介護福祉士養成施設建設に乗り出していること、学生への家賃助成を準備していることは、東京都の介護政策にはなく、これからの都政介護政策として参考になることです。

　介護福祉士養成施設が存在しない区市が多い実態をみると、空白自治体に「都立」介護福祉士養成施設が立ち上がっていくと介護福祉士養成の社会ムーブメントになりえるのではないでしょうか。

　そして介護ケアワーカーを魅力ある仕事に社会全体で育てていくためには、現場でケアワーカーをしている一人ひとりに対して、私たちから絶えることのないリスペクトが不可欠です。

# 4 障害福祉の現状と期待される東京都の新たな役割

### ◆危険水域に達した「職員不足」

いま「深刻な人手不足」は、大きな社会問題ですが、障害福祉や介護の分野は、もはや「危険水域に達した事態」といえます。きょうされん（成人期の障害のある人たちを支援する事業所の全国組織）が2023年に、多くの障害団体全国組織の協力を得て実施した「職員不足の実態調査」では、企業や官公庁の2023年3月新卒者採用の充足率81.3％に対して、障害福祉事業所の正職員の充足率は53.7％に留まったことが明かになりました（障害福祉は2022年度中の募集に対する採用。詳細はhttps://www.kyosaren.or.jp/investigation/23630/を参照）。つまり、支援に最低限必要な正職員を半数しか採用できなかったのです。それは、障害のある人の生活や活動に制約と制限を与え、職員に過酷な労働を強いる結果を招きました。多くの事業所が「募集しても、まったく応募がない」と訴え、「ホームヘルパーが足りないため派遣日や時間数を減らした」、「グループホームの入浴を毎日から週4回に減らした」、「グループホームの夜間支援では、毎月200時間超の勤務が続き、職員が疲弊している」などが多く報告されました。

### ◆基本報酬大幅引き下げの改悪

こうした障害福祉の危機的状況のなか、厚生労働省（以下、厚労省）と子ども家庭庁は、2023年3月から、障害福祉の公費水準とその内容である障害福祉「報酬改定」の検討を行い、2024年2月6日に「改定の概要」を公表しました。この改定は3年に1回、介護保険と同時に行われるため、2027年3月までの3年間の介護保険

と障害福祉に影響を与え続けることになります。とくに今回の「報酬改定」は、基本報酬を大幅に減額し「加算で評価する」方向を強めました。また、生活介護や放課後等デイサービス等では、基本報酬に「時間刻み」の報酬単位（単価）が導入されてしまいました。就労継続支援では成果主義が強化され、平均月額工賃1万5000円未満の基本報酬が減額されました。グループホームでは、「入居者4人、5人に1人の職員体制」の報酬基準が廃止され、「6人に1人の職員体制」が基本とされてしまい、大幅に改悪されました。いずれの制度においても、「『重度障害者支援加算』や『人員配置体制加算』、『処遇改善加算』で補うことができる」と厚労省は説明しています。しかしそれらは、専門研修を受けた人や必要な人員を確保したうえで申請できる加算であり、そもそも募集しても「応募者がゼロ」の慢性的な欠員状態では、加算制度で補うことは困難です。「処遇改善加算」は、要件や実務上の問題から小規模な事業所は取得できていません。このような制約や要件を課せられた加算制度頼みの基本報酬の減額は、「職員不足」の現場にとって、さらなる大きな打撃となるでしょう。

### ◆曖昧になった東京都の行政責任

　2006年の障害者自立支援法（現在の障害者総合支援法）施行以来、東京都の責任がきわめて曖昧になり、区市町村の格差は大きく拡大しています。具体的には、東京都が障害福祉事業者の指定権限をもちながら、福祉の支給量等を決定し、支給を決める権限は区市町村に委ねられてしまったため、東京都の責任が曖昧になり、区市町村格差の増大につながっているのです。

　たしかに東京都には、他の道府県にない「都単独制度」があり、それによって「国基準並み」を多少引き上げることができています。障害のある人の生活面では、月額1万5500円の「心身障害者福祉手当」や月額6万円の「重度心身障害者手当」などです。

障害福祉事業所への「都単独制度」では、「日中活動系サービス推進費」やグループホームへの都独自加算です。しかし、これらも東京都の財政方針が影響し、福祉手当の単価は長年据え置かれるとともに、障害福祉事業所への加算は削減・抑制の見直しが続いています。

**◆東京都の新たな行政責任のあり方**

2024年度の「報酬改定」に対して東京都は、2023年10月に「緊急提案」を国に提出しました。その内容は、障害福祉事業所の現場の抱える問題を的確に捉え、必要な改革を国に求めました。例えば、「物価高騰の影響も踏まえ、障害福祉サービス等の事業所・施設が安定的・継続的に事業運営できるよう、報酬に適切に反映されたい」と求めました。また、「人材の確保・育成・定着を図り、事業運営を安定的に行うことができる報酬とすること」として、処遇改善加算を「報酬の基本部分に組み込むなど恒久的なものとされたい」と主張しました。さらに、就労継続支援B型の基本報酬については、「事業所の安定的な運営が可能な単価とする」とともに、「高齢化や重度化などにより支援が困難な障害者に対する支援を適切にできる仕組みにすること」を強調しました。

この「緊急提案」は、事業所の指定権限を持つ東京都の国に対する政策提言ですが、東京都の自治体としての新たな責任と役割を示唆しているといえます。それは、次に述べる区市町村間の大幅な格差の解消も含めて、障害のある人の地域生活の東京都の「最適基準」を定め、それを実現する制度実施の責任を東京都が担うという方向です。急増を続け「支援の質の低下」を増長させている、営利法人の「もうけ本位」な事業に対する行政指導を強化していくうえでも、必要な行政責任と役割といえます。

**◆障害福祉の現場で生じている問題**

前述したように、区市町村による格差は増大する一方であり、

（単位：千円）

| 順位 | 自治体 | 一人当たり月間利用時間 | 利用者数 |
|---|---|---|---|
| 1位 | 府中市 | 463.3時間 | 62人 |
| 2位 | 武蔵野市 | 447.6時間 | 29人 |
| 3位 | 多摩市 | 446.7時間 | 33人 |
| 4位 | 大田区 | 437.1時間 | 43人 |
| 5位 | 新宿区 | 426.1時間 | 42人 |
| 47位 | 日の出町 | 149.7時間 | 3人 |
| 48位 | 青梅市 | 134.1時間 | 7人 |
| 49位 | 稲城市 | 112.3時間 | 14人 |
| 50位 | 福生市 | 103.0時間 | 5人 |
| 51位 | 大島町 | 5.0時間 | 1人 |

※東京都第10期障害者施策推進協議会 第1回専門部会資料「各地域におけるサービス提供の状況」（2023年3月実績）より作成

　これは全国的な傾向です。訪問系のホームヘルプサービスのうち、障害福祉独自の制度である重度訪問介護で、その実態をみてみます。重度訪問介護は、障害支援区分4以上で、重度の麻痺があり、「歩行、移乗、排尿、排便」の支援が必要な人か、知的障害で行動障害の重い人が、居宅や移動など自由に利用できるヘルパー制度です。

　図表1にあるように、月間463時間（1日15時間）利用できている府中市に対して、福生市は月間103時間（1日3.3時間）利用と大きな格差があります。また、図表2にあるように、月間200時間〜300時間未満の利用者数がもっとも多いのですが、実施している51区市町の月間平均320.3時間を下回る自治体数は29区市町もあります。利用者数でもっとも多いのは八王子市の164人、次いで世田谷区の139人ですが、葛飾区、福生市の5人、羽村市の3人というように、大幅に格差があります。このような格差は、

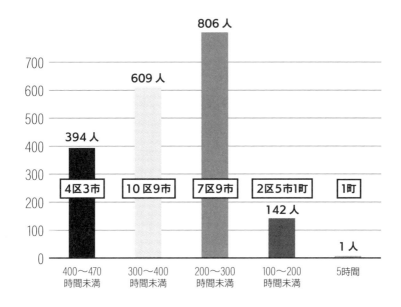

図2 ●重度訪問介護の月間100時間ごとの利用者数と自治体数

806人

700

609人

600

500

394人

400

| 4区3市 | 10区9市 | 7区9市 | 2区5市1町 | 1町 |

300

200

142人

100

1人

0

| 400〜470<br>時間未満 | 300〜400<br>時間未満 | 200〜300<br>時間未満 | 100〜200<br>時間未満 | 5時間 |

単に自治体の人口や財政規模だけでは説明できません。なお、こうした区市町村格差は、他の障害福祉制度でもみられる傾向です。

◆国連・障害者権利委員会の「総括所見」による改革を

　最後に、国連・障害者権利委員会は、2022年8月、日本における障害者権利条約の実施状況についての審査を行い、日本政府に対して「総括所見」を提示しました。そこでは、権利条約の全条項について、日本の法律や政策全般の審査が行われ、多くの「懸念」と「勧告」が示されました。とくに障害の社会モデルを踏まえて、「人権モデル」という新たな視点から、法律・政策による差別・格差についても「勧告」しました。

　この「人権モデル」からみると、東京都における障害福祉の「支援の質の低下」、「格差の拡大」は、差別に相当するため、早急な改善・改革が求められます。

# 5 | 生活困窮者支援の現場から

## ◆コロナ禍で、どのように生活困窮者を支援したのか

　1997年以降、国民全体の賃金水準がどんどん低下し、貧困が拡大している中でのコロナ禍でした。自営業者、フリーランス、派遣、パート、正社員も含め、市民は大きな影響を受けました。とりわけ、不安定な雇用が多い女性には深刻な影響が出ました（時には「パパ活」と称されている売春行為をして生活をせざるを得ないということもかなりの頻度で見聞きしました）。

　都内について振り返る前に、日本全体の支援状況について確認します。

　貧困が拡大しているにも関わらず、コロナ禍に対する施策が極めて不十分だったのが日本です。家計への負担を軽減するために、消費税を減税するのが国際的には一般的でしたが、それも実施しませんでした。ドイツのように生活保護（公的扶助）の要件を緩和して国民を救った国もあった中で、日本は限定的な対応にとどまりました。新しく制度を作るよりも、既存の制度の要件緩和・柔軟活用をする方が早期に対応できるのに、それをしなかったことは本当に残念なことです。

　その背景には、「まずは自助、自分でやってみる。そして共助、公助」とする貧困解消に積極的ではない国の姿勢があります。また、生活保護制度をなるべく利用させたくないという国の思惑もあります。

　コロナ禍に対応した制度として、各区市町村の社会福祉協議会（社協）による特例貸付（緊急小口資金、総合支援資金）の制度がありまし

た。受付終了した2022年9月までの累計申請件数は345万件、累計貸付金額は1.4兆円にのぼりました（生活保護の年間国家予算は概ね2.8兆円）。

　返済能力のない方にも貸し付けを優先した結果、生活の立て直しとはいかず、自己破産を余儀なくされる方もありました。住民税非課税世帯は返済を免除されることになりましたが、免除者は全体の約3割となっています。

　残念ながら、給付金制度が少ないだけでなく、給付が遅いことと、時限的な施策ばかりだったことも問題です。給付金の振り込みまでの日数がかかり、今、必要なお金が入手できない、また持続化給付金などは、「却下の無限ループ」とまで言われ、行政書士や社会保険労務士という専門家に見てもらっても、なぜ却下されるのかが不明なまま却下され続けるという事態まで起こりました。

　社協に相談が集中したこともあり、時限的に要件を緩和した住居確保給付金の申請が殺到し、対応しきれない事態が生まれ「相談崩壊」と呼ばれました。

### ◆東京都での対応はどうだったのか

　都内でも、とにかく貸付を優先し、返済能力のない方にもどんどん貸し付けました。相談が集中する形となった社協では、平年の100倍以上の相談者が殺到し、「相談崩壊」が起きました。たとえば品川区で社協に相談をしようとしたところ、相談ができる日が2か月先になると言われたという困窮者の声も聞きました。現場で、次々と対応に追われた社協の職員の中には、激務のあまり心身のバランスを崩し、退職するという選択をした方もおられます。本当に無理があったと言わざるを得ません。

　生活保護では、コロナ禍の対応について厚生労働省の担当課からの事務連絡がたびたび出されたので、それに基づいた適切な対

応が求められました。しかしながら、事務連絡そのものを知らずに、旧態依然とした対応を取る自治体の福祉事務所も少なからずあり、支援者がついていた場合はともかく、多くの困窮者が福祉事務所により不当な扱いを受けました。

コロナ禍の初期では、住まいのない状態からの生活保護申請者が東京都の「協議ホテル」を一時的な宿泊場所として利用することができました。この「協議ホテル」とは、都がホテルの部屋を何か所も借り上げて、住まいに困っている方の当面の寝泊まりの場所として提供するもので、各福祉事務所が相談窓口になり、都に利用の「協議」をする（形の上では「協議」としているが、実際は基本的に利用できた）というものです。都独自の施策であり、住居喪失者が野宿することなく、生活できるようにしていくものとして高く評価したいと思います。

しかし、この「協議ホテル」の利用を認めない福祉事務所が実際にいくつもありました。支援者が抗議し、利用を求めるバトルが繰り返されました。残念ながら、この「協議ホテル」は2022年9月で実質的に終了しました。コロナ禍による貧困により居宅を喪失する人がまだまだいた中で、施策を終えたことは残念です。

## ◆都と区市町村の困窮者対策にどのような課題があるか──生活保護制度における課題

第1に、相談窓口で生活保護申請をさせずに追い返す水際作戦と呼ばれている違法な運用が以前より酷くなっていることです。コロナ禍が落ち着いたように見えても、「新型コロナ災害緊急アクション」（コロナ禍にあえぐ人々を支援するために結成された団体。https://corona-kinkyu-action.com/）への相談は止まりません。福祉事務所に相談したが、冷たく拒まれたという相談は今も続出しています。

酷いのは、「生活保護制度は20代には適用されない」と、20代の居宅喪失した男性を追い払った某区。「ペットは生活保護では

飼えない」と説明し、生活保護申請を断念させた某区。既に高額の借金まで抱えていて収入が途絶している方を生活困窮者自立支援の窓口に回した某市など、さまざまに違法、または不当な対応が取られています（コロナ禍初期における福祉事務所の「水際作戦」の具体例については、「コロナ禍の東京を駆ける」緊急事態宣言下の困窮者支援日記＜稲葉剛・小林美穂子他編＞岩波書店2020年11月初刊でリアルに描かれている）。

　つい最近も、ある区に電話で相談した困窮者から「相談したところ、『生活保護では家族への扶養照会を必ずする』と言われた（扶養照会が生活保護の開始要件ではないことや、必ず行わなければならないものではないことは村田悠輔「生活保護扶養照会をめぐる諸問題－東京における区市別格差にも触れて」（「月刊東京」2023年1・2月合併号）参照）。また『本当に働けない体調なのか』と詰問された。『貯金がゼロで明日のごはんが食べられない人の最後の砦が生活保護』などと並べ立てられて、とてもつらかった」という相談がありました。福祉事務所が困った人に寄り添う場所ではなく、制度利用を阻む場所になっている現状は、憲法25条の生存権が画に描いた餅でしかないことを意味します。

　第2に、自治体ごとの不可思議なローカルルールの存在です。たとえば、民間支援団体が設置しているシェルターを居住地として生活保護申請をしようとしてもそれを認めず、無料低額宿泊所（以下、「無低」）に移らないと保護を開始できないとする区があります。また別の自治体は、シェルターからの保護申請は受け付けるものの、利用料金を住宅扶助費として支払うことはできない、つまりシェルター運営者が負担すべきものとしています。シェルターの維持には当然経費がかかります。それを家賃同様に利用料として請求するのは至極当然のことではないでしょうか。

　第3に、生活保護制度の広報が全く足りていないことです。

　残念ながら、生活保護制度にまつわる誤解やスティグマが広く

浸透しており、そのために住まいを失っている状態なのに申請をためらっている人が少なくありません。しかも、支援者の実感として次第に路上生活者の高齢化が進んできているようです。

　東京都は、ウェブサイト、公共交通機関や公共的な施設へのポスター掲示、ラジオCM、YouTube等、さまざまな手段で「生活保護は権利」だということの広報を積極的に行うべきです。都民の誤解やスティグマ、偏見の解消に努めるのは自治体としての責務と言えます。

### ◆都の独自の施策における課題

　「TOKYO チャレンジネット」は、収入がある居宅喪失者に対する支援をする施策です。借り上げホテルや一時住宅を無料で利用できるものであり、都独自の生活困窮者対策となっています。

　窓口は、新宿・歌舞伎町の大久保公園近くの東京都健康プラザハイジアにある1か所のみです。日曜以外は受け付けが可能です。以前は食事の提供がありましたが、今はありません。日払いの仕事などをしながら、既に居宅を失っている方からの相談をよく受けますが、この事業を全くご存じではありません。せっかくの制度があっても、それが困窮者に届いていないとしたら本当に意味がありません。都は広報不足をしっかりと認識し、改善すべきです。

　さらに都独自の施策として、特別区（東京23区）の共同事業「自立支援センター」があります。路上生活者対策事業で、特別区を5つのブロックに分け、数区で共同運営しています。こちらは食事提供がありますが、ほとんどが相部屋となっています（最近は個室化が進んでいます）。自立支援センターは三多摩地域にはありません。そのため、三多摩の市で相談すると「区に行けば施設がある」として、路上生活者を特別区に誘導されることも起きています。

## ◆東京の貧困の現在の特徴

　東京には首都として稼働年齢層が流入するという特徴があります。また、全国調査では、現在働いている60歳以上の高齢者に「何歳ごろまで収入の伴う仕事をしたいか」を問うと70歳以降も働くことを希望する人が8割程度にものぼります。東京も同じ傾向があり、低年金のために働かざるを得ないという面もあると思います。

　東京都が、居所を失った方が生活保護を申請した場合に、無低か更生施設に入所させることをルール化したことが、結果的に、中間搾取を行う悪質貧困ビジネスの入り込む余地を与えています、高額な手数料、管理費を要することが知られている無低への入所を避けるため、ネット検索をしたことで、貧困ビジネスとの接点をもつことになります。

　①「福祉アパート」と呼ばれている物件への入居により、貧困ビジネスの餌食となっている現実があります。「初期費用は総額ゼロ円」とする不動産業者のネット広告を見て連絡したところ、実際は敷金や家具代を要求された、相場の倍の家賃を取られた、身分証を取り上げられたという施設がさまざまあります。1万5000円の乾麺を買わされ、家具什器の使用料を取られる施設もあります。極端な場合には、保護費が、施設管理者に振り込まれ、諸費用を差し引いた後にご本人に手渡されています。本人は、身分証明書となるものを管理者に預けているため、逃げることもできません。

　②不動産業と結託した新手の貧困ビジネスも出てきています。生活困窮者の支援を行うとする都内の一般社団法人が、困窮者を集めてマンションに入居させ、その後マンションを転売する手口が典型例です。入居率が高いマンションは転売時に高く売れます。それを狙って郊外の安い不動産物件を取得し、そこに困窮者を入

居させ満室にしたうえで高額で転売するのです。この手法により大きな利益を上げることができます。

　2020年以降、コロナ禍の影響で失業するなどして生活困窮者が増加した頃から、このような相談が増えてきました。生活困窮者を支援するという一般社団法人に都心から離れた物件を紹介され、生活保護を利用して家賃を保護費で支払っていました。他方、同法人が当初約束した就労支援サービスなどは全く受けられないままだったと言います。

　同法人の他にも類似ケースがある可能性があります。多額の転売利益が得られるためにこれをビジネスチャンスとし、今後も参入者が出てくる可能性があります。本来困窮している人を支える生活保護制度が悪用され、貧困ビジネスに利用されることは避けなければなりません。中間搾取をおこなう悪質貧困ビジネスについて立ち入り調査をおこない、行政指導などの必要な規制をすることが必要だと考えます。

　無低に対する規制の実施状況を点検するとともに、貧困ビジネスを許さない規制が急がれます。被害者は増えています。この状況の改善が急がれます。まずは、実態調査を実施して、被害の実相を行政としても把握すべきです。

## ◆都政などの行政にどのような対策が求められているか

　法的には、無低入所を強制することはできません。しかし、他の選択肢がないとして、実質的に強制されている実態があります。そのため、施設入所をしないと生活保護制度を利用できないなどの説明を受けてあきらめてしまうケースもあります。貧困ビジネスと言われることもある無低は、相部屋、劣悪な食事・施設、集団生活のため感染リスクが高い、管理費等の名目で多くの徴収金があり、自分で使える金がほとんどなくなるなどの問題があります。利用者の自立の足を引っ張る存在ともなりかねません。無低

に対する早期の規制が必要だと考えます。

「無低の利用」が首都圏では一般的ですが、全国標準ではありません。無低がない地域では、速やかな居宅生活への移行が行われています。行政が無低を強要し、そこから逃げた人が貧困ビジネスに頼ってしまうことは問題です。とりわけ「協議ホテル」が実質的に終了した2022年10月以降は、都内の福祉事務所で生活保護を申請しようとした人が千葉や埼玉、神奈川などの「山奥にある無料低額宿泊所に入るしかない」と言われ、申請を諦めさせられている実態があります。その背景として、東京都内に安心して暮らせる個室の宿泊施設が圧倒的に不足しているという問題があります。

「協議ホテル」事業を再開する等、東京都が率先して生活保護申請者が安心して滞在できる宿泊場所の確保に努めるべきです。たとえば、アパートが見つかるまでの居所を空き家活用などで作るのもひとつの方法です。東京都で言えば都営住宅、あるいは区営・市営住宅の空き室を利用することも可能です。

　なお、生活保護が開始されても、３か月たたないと居宅の確保は認めないとする福祉事務所もあります。これは厚労省社会・援護局保護課の「現に住居のない生活困窮者が来所した際に、例えば、単独で居宅生活が可能であるかの判断を行わずに、無料低額宿泊所への入所に同意しなければ保護を申請することが出来ない旨の説明をするといった対応は、申請権の侵害または侵害していると疑われるような行為にあたるので、厳に慎むこと」とする事務連絡(令和2年9月11日付「現下の状況における適切な保護の実施について」)に反しています。

　まずは、職員に対するコンプライアンス研修を徹底し、申請段階で「居宅生活が可能である」かどうかを判断することを強く求めます。

## ◆安易な水道停止措置を止めるべき

水道局が検針員の面接による督促を廃止したことで、滞納しているとの文書を機械的に送って水道を停止していることも問題です。言うまでもなく、水道はライフラインです。以前は、水道料金滞納者の生活苦を検針員が福祉事務所に知らせ、生活保護などの公的制度につなげることがありましたが、今はそれもなくなっています。

水道料金などの公共料金を滞納するほど困窮していても、どこに相談したらよいのかが分からない方がおおぜいおられます。丁寧な対応が必要だと考えます。

## ◆外国籍の方の困窮にも対策を

2021年以降、ホームレス支援に取り組んでいる民間の支援団体には、仮放免状態の外国人からの相談が目立ってきました。支援団体である「つくろい東京ファンド」、「北関東医療相談会」、「ビッグイシュー基金」の3団体による「仮放免者住居調査報告」によると、仮放免者の22％が「路上生活の経験あり」と回答しています。

また、2022年以降は新規に入国をしたばかりの難民認定申請者がホームレス化する事例も増えており、メディアでも報道されています。中には、子ども連れや妊婦で路上生活になってしまっている人もいます。

在留資格がない外国人や短期の在留資格しか持たない外国人は、自立支援センター等のホームレス支援施策を利用することができません。外国人のホームレス化という問題を人権侵害として捉え、緊急的な援助（特に宿泊や医療）を早急に検討・実施することが求められています。

## 6 困難女性支援政策の動向
### 女性支援団体に対する攻撃に毅然と立ち向かう都政の実現を

### ◆困難女性支援法（女性支援新法）施行

2022年5月25日に「困難な問題を抱える女性への支援に関する法律」（困難女性支援法）が公布され、2024年4月1日に施行されました。それまでは、行政による公的な女性支援は売春防止法が根拠となっていました。女性たちへの処罰と「保護・更生」を基本とする差別的な売防法には限界があることが長年指摘されており、女性の人権擁護や福祉の増進を理念とした困難女性支援法（女性支援新法）が制定されました。同法では、3条で「女性の抱える問題が多様化するとともに複合化し、そのために複雑化していることを踏まえ、困難な問題を抱える女性が、それぞれの意思が尊重されながら、抱えている問題及びその背景、心身の状況等に応じた最適な支援を受けられるようにすることにより、その福祉が増進されるよう、その発見、相談、心身の健康の回復のための援助、自立して生活するための援助等の多様な支援を包括的に提供する体制を整備すること」「困難な問題を抱える女性への支援が、関係機関及び民間の団体の協働により、早期から切れ目なく実施されるようにすること」「人権の擁護を図るとともに、男女平等の実現に資することを旨とすること」が基本理念とされています。

### ◆若年被害女性支援団体に対する攻撃

東京都では、困難女性支援法制定に先立ち、厚生労働省からの通知に基づき、居場所がなく家出した若年女性、性虐待・性的搾取の被害者、家庭関係の破綻や生活困窮などの困難な問題を抱える女性に対して繁華街での夜間のアウトリーチや電話・LINEな

どでの相談対応、児童相談所などの関係機関や病院への同行、食事や生活用品の提供、シェルターでの保護などを行う「若年被害女性等支援事業」をモデル事業として2018年度から、2021年度からは本事業として行っていました。東京都の若年被害女性等支援事業は2022年度までは都から一般社団法人Colabo（仁藤夢乃代表）やNPO法人ぱっぷす（PAPS）などの複数の民間団体に委託する形で実施していました。

　ところが、2022年8月ごろから、インターネット上のSNSのTwitter（現：X）を中心に、Colaboをはじめとする女性支援団体に対して、デマや誹謗中傷が大量に流されるようになりました。その内容は、「若い女性を狭い部屋に何人も済ませて生活保護を不正に受給させる貧困ビジネスをしている」「東京都若年被害女性等支援事業の会計に不正があり、公金から不正な利益を得ている」などの事実無根のものです。

　Colaboなどの女性支援団体に対してTwitterやnote、Youtubeなどネット上での攻撃を続けているハンドルネーム「暇空茜」を名乗る40代男性に対して、Colaboは2022年11月に名誉毀損の損害賠償請求訴訟を提起しました。暇空茜がColaboが受託した東京都若年被害女性等支援事業の支出に不正があると称して行った住民監査請求では、2022年12月末の監査結果、2023年3月はじめの再調査結果によって、Colaboが都から受託した事業の経費を不正受給しているとの主張は退けられました（Colabo弁護団による一連の声明等https://note.com/colabo_explainを参照）。

　しかし、Colaboをはじめとする女性支援団体への攻撃は止まることなく、ネット上だけでなくリアルの社会でも嫌がらせや業務妨害が行われました。2022年10月に、Colaboが都の若年被害女性等支援事業の一環として行っていた新宿・歌舞伎町などでの夜間のアウトリーチ事業である「バスカフェ」（若年被害女性に無料で

食料や衣類を提供し、信頼関係を構築するきっかけとしてきたもの）で使用しているバスが刃物で傷つけられる事件が起きました。さらに、2023年1月から3月にかけて、夜の歌舞伎町で開催されてきたバスカフェに対し、複数の男性たちが、仁藤夢乃代表に向かって叫んだり卑猥な言葉をかけたりしながら仁藤代表をはじめとするColaboのスタッフに付きまとうなどの妨害が8回にも渡り行われました。

　こうした攻撃は日本社会の根深い女性蔑視・ミソジニーを背景としたものであり、女性差別解消やジェンダー平等の実現を目指す動きに対するバックラッシュの一環と位置付けられるものです。こうした攻撃に維新や旧NHK党などの国会議員、自民党などの都議会議員を含めた地方議員が加担したことも深刻な問題です。

### ◆支援団体へのアンケートに見る深刻な被害

「女性支援を守るメディア連絡会」が都の若年被害女性等支援事業を受託していた団体など8つの女性支援団体に2023年春に行ったアンケートによると、各団体は代表・スタッフへの殺害予告や危害を仄めかされる、事業所、支援を提供する場所、活動場所に危害を与えるなどの脅迫を受けていました。全団体がオンラインで誹謗中傷を受けていると認識しており、活動や関係者の心理的安全性に影響を受けています。現場が疲弊し、離職者が出た団体もあります。

　スタッフの個人情報をネットに晒されたり、代表やスタッフの顔が写る写真や活動の様子の写真を無許可でSNSに投稿されたり、誹謗中傷コンテンツのサムネイルに設定されるなどの被害も。

　利用者や相談者を特定しようとする攻撃者たちもおり、居場所やプライバシーを知られたくない利用者がほとんどな中、「つけられた」との報告や、SNS上の付きまといを受け、誹謗中傷をされアカウント削除に追い込まれた利用者もいました。

事業所やシェルター、相談室、居場所など支援を提供する場所の住所や画像をネットで晒され、アウトリーチ場所を特定される被害を受け、シェルターの閉鎖や移転を余儀なくされた団体もあります。

嫌がらせの電話やメールを受けることで本来の支援を必要としている人との連絡がつながりにくくなる弊害も起きています。SNS、主にTwitterでの攻撃的なリプライ、DM、引用RTも、数の膨大さと悪質さ、攻撃性の点で大変深刻な状況になっています。

2024年春の段階でも、女性支援団体に対する攻撃の深刻な影響は続いています（リアルタイムの情報としては、宇佐美昌伸「女性支援団体叩き（暇空茜問題）まとめ」https://note.com/usamimn/m/mcf0b699c5299 を参照）。

### ◆攻撃に立ち向かわない小池知事と東京都

東京都の事業である若年被害女性等支援事業を担った団体に対する攻撃・妨害に対して、小池知事や都職員は毅然とした姿勢を示して事業を担う団体を守るべきであったにもかかわらず、小池知事は一貫して他人事のような態度に終始し、事業を担当した福祉保健局（当時）の管理職たちも被害者に寄り添う姿勢を見せませんでした。

Colaboのバスカフェへの妨害を中心的に行っていた40代男性（「暇空茜」とは別人）に対し、東京地裁は2023年3月14日にバスカフェへの接近や妨害活動を禁止する仮処分命令を出しました。これによってバスカフェの安全が確保されることになったにもかかわらず、都福祉保健局少子社会対策部（当時）は妨害者からアウトリーチ事業を守るのではなく、逆にColaboに対しバスカフェの中止を求めました。このため、2023年3月には都の若年被害女性等支援事業としてのバスカフェは実施できず、そのまま後述のとおり都の委託事業としての若年被害女性等支援事業は2022年度末で終了となり、仮処分命令が出た後にバスカフェを実施することは

できませんでした。

　東京都のこのような不当な対応は、若年被害女性等支援事業におけるアウトリーチの重要性について、事業の主体である都の幹部が十分に理解していなかったことが背景にあると思われます。妨害を受けてアウトリーチを中止してしまったことは、妨害者に対し成功体験を与えることにもなり、都の対応は極めて問題のあるものです。

　一方、福祉局子供・子育て支援部育成支援課など都庁の女性支援担当の部署にも大量の嫌がらせ電話がかけられるなど、東京都は対行政暴力の被害者という側面もあります。しかし、小池知事はこうした現場の窮状を一顧だにしていません。女性支援を担当する職員の人員増も含めた組織的支援体制の構築も不可欠です。

## ◆若年被害女性等支援事業の公的責任の後退

　さらに、東京都は、民間団体に委託して行ってきた若年被害女性等支援事業を2023年度から民間団体に補助金を支給する補助事業に切り替えました。つまり、2022年度までは「都の事業を複数の民間団体に委託して実施」していたのが、2023年度からは「各民間団体の自主事業に都が補助金を支給」するものに変更されたのです。

　都は補助事業への変更の理由を「多様な団体の活動を支援するため」としていますが、それは委託事業でもできることであり、また委託と補助を併用することも可能であるにもかかわらず、全てを補助事業化してしまったため、東京都が事業の実施主体ではなくなり、行政の公的責任が後退することになりました。

　本来であれば行政が直接行うべき事業ですが、行政に支援のノウハウがない現状では、委託により都が事業実施主体として責任を持って行うことが重要であるにもかかわらず、こうした委託事業を廃止したのは小池都政の大きな誤りです。若年被害女性等支

援事業の全てを補助事業として行うのではなく、都が事業の実施主体となる委託事業を復活させるべきです。

## ◆東京都の困難女性支援基本政策の課題

困難女性支援法で都道府県に策定が義務付けられている「東京都困難な問題を抱える女性への支援のための施策の実施に関する基本的な計画」（東京都困難女性支援基本計画）が2024年3月29日に策定されました。

困難女性支援法は、当事者の意思を尊重しながらそれぞれの状況に応じた最適な支援を受けられるように、多様な支援を包括的に提供すること（法3条1号）、行政機関と民間団体が対等な立場で協働して支援を行うこと（基本方針）が必要であるとしています。基本計画に基づく政策が実効性のあるものとなるためには、以下のような課題が挙げられます。

中核的機能を有する東京都女性相談支援センターの役割について、当事者が適切な支援に繋がるために、一時保護に特化した現状を見直し、包括的な支援を積極的に実施すること、当事者が適切な支援に繋がるためのアウトリーチ体制の整備と民間との連携が必要です。

女性相談支援センター・女性相談支援員・女性自立支援施設の間の協働体制を見直して強化し、センター配置の女性相談支援員の役割・業務・権限を明確にするとともに、都内どこでも同じ水準の支援を受けられるように、区市の女性相談支援員の定員・配置増及び正規職員化・処遇改善を進めるとともに、専門性向上・研修の在り方等の見直しが行われなければなりません。

女性相談支援センターの一時保護所を経由しない「東京方式」での女性自立支援施設入所の全面実施、高校生や大学生、自傷行為がある女性などの受け入れについてセンターの判断に従い入所できないケースがある現状を改めなければなりません。

民間支援団体との対等な協働による支援体制を作るために、若年被害女性等支援事業などの補助事業について民間団体の独自性を尊重した柔軟な運用を行うこと、前述のように若年被害女性等支援事業の委託事業を復活させることが重要です。また、民間団体の継続的運営を可能とする財政援助方針を立てること、団体の積極的な掘り起こしも必要です。

　女性支援活動への妨害対策を東京都が真剣に行わなければなりません。警察による妨害者の摘発、支援団体のアウトリーチへの適切な後方支援が重要です。情報公開条例に基づく公文書開示請求の悪用により支援団体の活動場所・シェルター等が特定される事態は決してあってはならず、実効的対策が不可欠です。

### ◆ジェンダー平等をめぐるその他の政策の動向

　2023年度から、東京都同性パートナーシップ宣誓制度の実施を契機とした企業に対する福利厚生制度の見直し等の助言や研修を行う支援や、「痴漢撲滅プロジェクト」などが予算化されました。これらの施策をさらに具体化していくことが重要です。

　また、2023年度予算で「女性に対する犯罪防止のため、現場に居合わせた人の行動変容を促す啓発を行い、積極的に被害を止めるなど、見て見ぬふりをしない社会気運を醸成する」ための啓発、すなわち「アクティブ・バイスタンダー（積極的に被害を止める第三者）」を増やすための事業が盛り込まれたことも重要です。ただ、都のアクティブ・バイスタンダーを増やすための啓発事業は現在は「犯罪対策」と位置付けられていますが、刑事罰の対象となる行為のみに特化することなく、現行法では刑事事件として立件することが難しい言葉によるセクハラなどについての啓発にも取り組んでいくべきです。

## 【参考文献】

### ●困難女性支援法について

湯澤直美「「困難な問題を抱える女性への支援に関する法律」のポイントと自治体の役割」自治体法務研究 2023 年春号

細金和子「画期をなす女性支援新法施行〜国の基本方針を受けて、地方の基本計画策定」議会と自治体 2023 年 11 月号

### ●Colaboの活動について

仁藤夢乃編『当たり前の日常を手に入れるために　性搾取社会を生きる私たちの闘い』影書房、2022 年

### ●ぱっぷすの活動について

ぱっぷす編『ポルノ被害の声を聞く デジタル性暴力と #MeToo』岩波書店、2022 年

### ●Colaboへの攻撃をめぐる問題を概観するものとして

太田啓子「Colabo への攻撃が意味するもの―暇空茜問題」住民と自治 2023 年 8 月号

### ●Colaboのアウトリーチ活動や攻撃・妨害の影響について

安田浩一 「歌舞伎町でさまよう少女の居場所を作った社団法人『Colabo』仁藤夢乃さん、妨害や誹謗中傷にも " 屈しない " 生き方「たいがいのことを済ませてきた」」週刊女性 2023 年 4 月 11 日号（このルポルタージュは週刊女性のウェブサイトで全文無料公開されている。https://www.jprime.jp/articles/-/27323）

### ●Colaboへの攻撃の社会的背景、東京都の対応の問題などについて

安田浩一・小川たまか「対談「Colabo バッシング」とは何なのか　SNS から溢れ出すデマと陰謀論」世界 2023 年 6 月号

### ●デマの流布・誹謗中傷を行った者たちの実像について

安田浩一「娯楽としての暇アノン　SNS で扇動される誹謗中傷」世界 2024 年 2 月号

### ●ネット上における反フェミニスト的集団活動の形成とその発展過程について

冷君暁・唐井梓「「悪」の団体を燃やす― Colabo に対するハラスメントにはたらくネットワーク・ミソジニーの論理」東京大学大学院情報学環紀要情報学研究 No.106(2024 年 3 月 ) https://www.iii.u-tokyo.ac.jp/manage/wp-content/uploads/2024/03/106_7.pdf

# 7 「官製婚活」は、一体だれのため？

　小池百合子東京都知事は婚活事業者の要請を党につなぎ業界をバックアップする自民党の婚活・街コン推進議員連盟（2013年11月結成。現在は、婚活・ブライダル振興議員連盟。通称「婚活議連」）の初代会長でした。「官製婚活」は、結婚の希望を叶えるためと、いいことやってる感を振りまいていますが、実は業界にお金を回すための経済政策。若年人口の減少やコロナ禍で厳しくなった婚活業界に対する支援という側面が大きいのです。

　2018年2月、小池都知事は2020年に予定されていた東京オリパラにひっかけ、結婚の機運醸成を図る動画「あなたは誰と観ますか？」を拡散しました。動画は、東京の地下鉄の車中ビジョンや映画館の広告シネアド、六本木交差点や新宿駅南口など街頭大型ビジョンや、都庁や新宿西口地下広場などに設置した大きなデジタルサイネージ（標識）で流され、大きな話題になりました。しかし電車の中から映画館、街頭まで行政と企業が一体となって行う取り組みには早速、「結婚を押しつけられているようだ」「税金の無駄遣いだ」などと批判の声も多く上がりました。意識醸成を目的とするということは、「結婚いいね」の空気をいたるところに醸し出すということですから、「結婚を押し付けられている」気持ちになる人がでるのは当然のこと。性的少数者や結婚する経済的余裕のない人を追い詰めてもいます。

　これは、第二次安倍政権下の2013年から始まった「結婚・妊娠・出産・育児の切れ目のない支援」をうたう国の少子化対策として、地方交付金により全国の自治体に競い合って取り組ませる結婚支

援策、すなわち「官製婚活」の取り組みです。「官製婚活」には、この動画のような結婚の機運醸成のほか、マッチングアプリやマリッジシステムによる出会いの場の提供、婚活パーティ、出会いイベント、婚活セミナー、中高大学生などを対象に結婚・妊娠を含めた人生設計を考えさせ「妊娠適齢期」を逃すなと啓発する「ライフデザイン（ライフプラン）教育」など多岐にわたります。現在は岸田文雄政権が「異次元の少子化対策」を掲げ、予算もこれまでの3倍の100億円を計上し、強化しています。東京都の取組は、「TOKYO ふたり STORY」というサイトで知らせています（https://www.futari-story.metro.tokyo.lg.jp/）。

　しかしこの取り組み、国はお金を出すけれども、実際に政策を遂行するのは地方自治体。現場で事業を遂行するのはマッチングアプリ企業や結婚相談所など民間の結婚仲介事業者が多い。官製婚活は、結婚したいができない男性・女性の背中を押すためともっともらしい口上が上がっていますが、実際は若年人口の減少や新型コロナウイルス禍などで厳しくなった結婚仲介事業者に対する支援という側面が強いのです。私たちの税金が結婚仲介産業に回っています。小池氏は、婚活議連の会長時代には、公認キャラクターにゆるキャラ・みあう〜ちゃんを認定するなど婚活業界の盛り上げに力を尽くしたのです。

◆「女性は出産可能年齢」という人権侵害

「官製婚活」の問題点をみてみましょう。2023年1月国立市で開催された婚活パーティの参加者募集に際し、男女で年齢差を設けたことがあります。2022年12月、国立市の広報紙で募集した婚活パーティで、男性は28歳から49歳、女性は5歳若い23歳から44歳という条件で募集したために、早速市民から苦情が寄せられ、また国立市議からも連名で検証と再発防止を求める申し入れが提出され、メディアで話題になりネットで炎上しました。結局、

市の担当課は「人権への配慮が足りなかった」と謝罪し、男女とも28〜49歳へと変更しました。テレビ朝日は、これについて「今回、市から運営を委託された業者は、婚活パーティーでは男女とも子どもを望む人が多いことから、年齢差をつけることが多いと話し」「他の市で年齢差をつけずにパーティーを開催したところ、女性は40代、男性は20代の参加者が多くなったため、年齢差をつけることを（市に）提案した」と内幕を報じています（https://news.tvasahi.co.jp/news_society/articles/000288836.html）。

　これは、国の少子化対策交付金による、いわゆる「官製婚活」ではなく、狛江、国立、府中、稲城の４市による「人口減少及び少子化対策等」の企画ですが、子どもを増やすための行政による「少子化対策」という点では大同小異です。しかも、実際に運営する業者は、女性の年齢を（相手や相手の親などの希望に合致するように）出産可能な年齢に設定することが多いという身も蓋もない話です。女性の自己決定権である「リプロダクティブ・ヘルス／ライツ」はどこへ行ったのでしょうか。民間業者の提案を受け入れ、最終責任を持つのは行政なので、行政の人権侵害の事例に相違ありません。

### ◆「結婚＝子ども」と思えなくなっている現状

　自治体が結婚支援を実施するにあたっては、「結婚は個人の自由であり、強制されるものではない」「特定の価値観（結婚すべき等）を押し付けたり、プレッシャーを与えたりしてはいけない」が基本的な留意事項となっています（公益財団法人　東京市町村自治調査会2019「結婚支援を糸口とした少子化対策及び地域活性化に関する調査研究報告書」2019年）。

　しかし、「官製婚活」は「少子化対策」地方交付金により遂行されているので、結婚したら子どもをもつことが織り込み済みです。そんなはずはないと思う方もいらっしゃるかとは思いますが、

国や地方自治体の結婚支援を管轄するのが「こども家庭庁」であることを考えると、結婚支援は子どもをもつために実施されている政策だといわざるをえません。つまり「官製婚活」は「個人の自由」を阻害し、「結婚すること」「子どもをもつこと」を押し付ける政策であることは論をまたないと思います。

　ところで、東京都による都民の結婚等についての意識調査によれば結婚することの具体的な利点として「自分の子どもや家族をもてる」ことを挙げる人が前回2018年調査では、女性では49.8%、男性で35.8%を占めており、子どもをもてるのが結婚"最大の利点"と考えられていました。これこそ東京都が「官製婚活」をスタートさせた大きな理由と言えるでしょう。要は、結婚しないと子どもをもたないからまずは結婚させるのだということです。

　ところが、2021年調査では、女性が39.4%、男性が31.1%と、女性は10ポイント近く減少しました。子どもをもつために結婚したいという女性が急減していることが伺えます。男性でも、「自分の子どもや家族をもてる」よりも「精神的な安らぎの場が得られる」を挙げる人が微増して33.8%となり、現在、「結婚の利点」の中では最も多くなっています。「経済的に余裕がもてる」を挙げる人は、前回に続き、男女とも微増したことからも、結婚を精神的にも経済的にもプラスになると考えることはできるようですが、子どもをもつことを結婚の具体的利点と考えられる人、すなわち結婚して子どもをもつのがよいと考えている人が急激に減っているようです（「都民の結婚等に関する実態及び意識についてのインターネット調査」https://www.futari-story.metro.tokyo.lg.jp/support_policy/pdf/result.pdf）。子をもつための結婚奨励という「官製婚活」の根拠が危うくなってきているのではないでしょうか。

## ◆さまざまな生きづらさの解消こそが最優先

　総務省が行った2020年の国勢調査の45〜49歳と50〜54歳の未

婚率を基に分析した50歳時点での未婚率（「生涯未婚率」）は、非正規（派遣、パート、アルバイト）男性では、60.4％と6割を超えています（正社員の男性は19.6％）。一方、女性の場合、正規雇用の未婚率が、24.8％にも跳ね上がります。（https://www.nikkei.com/article/DGXZQOUD3020R0Q2A530C2000000/）

　非正規雇用男性の場合、結婚や子どもどころではない状況があると思われます。一方、正規雇用の女性から結婚を遠ざけるのはまた別の理由があるはずです。こうした現状から考えれば、行政がすべきことは「結婚すれば、子どもをもってくれるはず」とマッチングに励んだり、結婚の機運の醸成をしたりすることではないでしょう。東京都民が真に困っていることが何かを究明し、状況を変えていくための方策を考えることこそ、真っ先にやる必要があります。

　人権侵害である上に現状に合わない「官製婚活」よりも、増大する非正規を正規雇用に転換し、生活困窮をなくし、ジェンダー差別を解消する施策を優先すべきではないでしょうか。

**【参考文献】**

斉藤正美「経済政策と連動する官製婚活」本田由紀・伊藤公雄編『国家はなぜ家族に干渉するのか──法案・政策の背後にあるもの』青弓社、2017年

山口智美・斉藤正美「官製婚活・少子化対策」『宗教右派とフェミニズム』青弓社、2023年

**【動画】**

斉藤正美「公共政策と公共性──官製婚活から考える」Choose 大学 1~4 講（2021年7月）

https://cl-p.jp/2021/07/02/unv7-1/

https://cl-p.jp/2021/07/10/unv7-2/

https://cl-p.jp/2021/07/17/unv7-3/

https://cl-p.jp/2021/07/23/unv7-4/

## コラム4 東京都住宅政策の危機を訴える

　石原都政は2000年に、都営住宅新規建設ゼロ政策を強行、2004年に住宅局を廃止し、「都営住宅ストック重視」「市場重視」の政策に再編、公共賃貸住宅ストックの新たな活用（都営住宅用地1900haの団地敷地・26万戸のストックの有効活用）を強行し、小池都政はこれを再開発事業として推進しているというのが、都有地活用型民間住宅建設の経過であり実態です。都営住宅建替整備縮小（高層化、戸数削減等）によって生じた都営住宅用地を民間デベロッパーに提供し、高額賃貸マンション、分譲マンション等の建設が行われています。これは、東京都の都営住宅行政の「「切り売り」「切り捨て」です。小池都政は、廃止された「住宅局」を再編し「住宅政策本部」が発足しましたが、「都有地活用型民間住宅建設」政策の総仕上げが仕組まれています。図表は2007年度〜23年度までの都有地活用型民間住宅建設の実態をまとめたものです。

　その内容は、民間デベロッパーに、都営住宅用地約16万7909.31㎡が定期借地又は売却され、高額賃貸住宅1960戸、高級分譲マンション731戸、戸建住宅が280戸が建設されています。

　その結果、都営住宅管理戸数26万6556戸（2000年度住宅局事業概要）が25万1067戸（2022年度住宅政策本部事業概要）、実に1万5489戸減少しています。2021年度公募戸数5550戸に対して、応募者数6万697人です。都営住宅は圧倒的に足りないのです。住宅難に苦しむ都民の願いを切り捨て、都民の財産を民間デベロッパーに与え、高額賃貸・分譲住宅建設を推進する「犯罪的」（異常な）住宅行政を止めなければなりません。

**図表●都有地活用型民間住宅建設の実態（2007 年度～ 23 年度）**

| | 都営住宅名 | 地域 | 契約 | 提供用地 | 住宅数 | 竣工年 |
|---|---|---|---|---|---|---|
| 1 | 南青山一丁目 AP | 港区 | 70 年定期借地契約 | 6,945 ㎡ | 賃貸住宅380 戸 | 2007 年 |
| 2 | 港南四丁目第3AP | 港区 | 70 年定期借地契約 | 10,092 ㎡ | 賃貸住宅828 戸 | 2008 年 |
| 3 | 勝どき一丁目団地 | 中央区 | 70 年定期借地契約 | 5,034 ㎡ | 分譲住宅536 戸 | 2011 年 |
| 4 | 東村山本町 AP | 東村山市 | 70 年定期借地契約 | 約 10ha | 戸建住宅280 戸賃集合住宅100 戸 | 2011 年 |
| 5 | 上目黒一丁目 AP | 目黒区 | | 約 4,200 ㎡ | 音楽施設 | |
| 6 | 北青山三丁目 AP | 港区 | 70 年定期借地契約 | 3500 ㎡ | 賃貸住宅229 戸 | 2020 年 |
| 7 | 東京街道団地 | 東大和市 | 70 年定期借地契約 | 10,092 ㎡ | スーパーマーケット | 2021 年 |
| 8 | 宮下町 AP | 渋谷区 | 70 年定期借地契約 | 5,020 ㎡ | 賃貸住宅115 戸 | 2017 年 |
| 9 | 池尻二丁目 AP | 世田谷区 | 土地売却 | 9,005 ㎡ | 分譲住宅195 戸 | 2014 年 |
| 10 | 国立北三丁目団地 | 国立市 | 70 年定期借地契約 | 13,024 ㎡ | 賃貸住宅308 戸 | 2030 年予定 |
| 11 | 桐ヶ丘一丁目 AP | 北区 | 30 年定期借地契約 | 6,031.31 ㎡ | 商業施設建設運営 | 2027 年予定 |

出典：平成 14 年度住宅局事業概要、平成 16 年度都市整備局事業概要、
　　　令和5年度住宅政策本部事業概要、東京都各都営住宅建替プロジェクト報告

　東京都の住宅行政は、重大な岐路に立っています。都民本位の住宅行政が都民の手でドラステックに奪還されることを願っています。

# おわりに

　本書は、小池都政は何だったのかその真実を明らかにすること、新自由主義的な東京都政の対抗軸となる「私たち自身の東京の都市ビジョン」を展望していくことを目的として、2020年の都知事選前に発刊した「図説東京の論点　小池都政を検証する」（旬報社）に続くものです。

　今回も、都政に関わる様々な分野で、研究や運動に携わられている方々に執筆を依頼しましたが、その内容は4年前に輪をかけて多くの問題が噴出していると言えるものです。もちろん、都民にとって良い施策がないわけではありませんが、大局として新自由主義的路線に変化はなく、その路線に沿って様々な施策がすすめられていることが浮き彫りになったと思います。むしろ、加速化し小池都政が都民の生活の困難を見ていない、見ようとしていない、とさらに強く感じました。

　1期目は、「築地は守る、豊洲は活かす」と公表し、築地市場を廃止、豊洲市場を開場することにまっしぐら、同時にオリンピック開催に向けて晴海を中心とした臨海部開発にひた走りでした。

　2期目では明治神宮外苑再開発を筆頭に、日比谷公園や葛西臨海公園の相当数の樹木伐採が伴う事業等が進められようとしています。

　「都はこれまでも、事業者に対しての都民の理解や共感を得て事業を進めるようにということで要請文を出しております（2023年6月30日記者会見質疑）」と答弁、民間事業者が事業の主体で東京都が

直接やっている事業ではないから事業者の問題です、と言わんばかりに受け取れます。

2016年選挙公約に自らが掲げた「ヒートアイランド対策の強化と都市農業の維持、発展」「東京の森林を守り、若者等の就業の場とする」とは真逆な事態を進めていることに、矛盾を感じないのでしょうか。

「都民が決める。都民と進める」は2016年知事選で小池氏が訴えた一番のスローガン（選挙ポスター、公報に明記）です。当選後は「都民ファースト」をマニフェストの謳い文句に掲げて都議会改革を打ち出しました。2017年都議選では小池知事が率いる「都民ファースト」が49議席と大幅に躍進。2020年知事選時では文言が変わりましたが「東京の未来は都民と決める」と掲げています。2021年の都民ファーストの会のポスターは「都民ファーストの政治を」との大見出しに都民ファースト特別顧問小池百合子と記し、写真が大きく掲載されています。このポスターは、いまだ都内随所で見られます。

いずれも、都民を前面に押し出していますが、都民が求めている願いや要求を軽視し、都民を置き去りにしていると言わざるを得ない実態が、本書でも随所で明らかにされたと思います。また、それぞれの分野で、真の意味での都民ファーストのビジョンについても示すことができたと思います。

小池氏は2020年知事選告示日、「2期目を目指し、都民の都民による都民のための都政を確立していきたく、都民の力を頂戴したい」と訴えていました。「どの口が言わせるのか」と思いましたが、結果は約366.1万票、得票率約59.7％、次点の宇都宮氏が約84.4万票、得票率約13．8％と、小池氏の圧倒的勝利でした。

地方のテレビ局が地域の問題を扱うことに比して、東京の局では都下で問題になっていることを取材し、その背景を解説する

ニュースやドキュメンタリーが少ないように思います。また、国政とも異なり都政の問題が取り上げられることも極端に少ないと思います。物価高騰、実質賃金の低下にあえぎ、日々の生活もままならず、将来への不安どころか明日にさえも不安を抱えている都民の現実や声は届いていません。

　小池都政は都民ファーストではないという正体が本書を通じて広がり、都民の話題、関心となり、報道の「波」にのってくれることを期待するものです。そして、「都民の都民による都民のための都政を確立」してくれる知事が都民によって選ばれることを心から願うものです。

## ［編著者紹介］

### 山本由美（やまもと・ゆみ）　　　　　　　　　　　　　　　［はじめに　第3章1］

東京自治問題研究所理事長、和光大学教授。東京大学大学院教育学研究科博士課程修了。教育行政学専攻。学校統廃合と小中一貫教育を考える全国ネットワークを主催。主な著書に「小中一貫・学校統廃合を止める　―市民が学校を守った」（共著、新日本出版社、2019年）、『図説東京の論点―小池都政を徹底検証する（共著、旬報社、2020年）『学校統廃合と公共施設の複合化・民営化―PPP/PFIの実情』（共著、自治体研究社、2024年）。

### 久保木匡介（くぼき・きょうすけ）　　　　　　　　　　　　　　　　［第1章1］

東京自治問題研究所常務理事。長野大学環境ツーリズム学部教授。早稲田大学大学院政治学研究科博士後期課程修了。専門は行政学、地方自治論。主な著書に『ダイバーシティ時代の行政学』（共著、早稲田大学出版部、2016年）、『学校が消える!公共施設の縮小に立ち向かう』（共著、旬報社、2018年）、『現代イギリス教育改革と学校評価の研究―新自由主義国家における行政統制の分析』（花伝社、2019年）、『図説東京の論点―小池都政を徹底検証する』（共著、旬報社、2020年）など。

### 川上 哲（かわかみ・さとし）　　　　　　　　　　　　　　　　　［第2章 4］

三重短期大学法経科准教授。一橋大学大学院社会学研究科修了。専門は行政学、地方自治論。主な著書に『二つの自治体再編戦略―地方創生と国家戦略特区、そして小池都政』（共著、東京自治問題研究所、2017年）、『都民とともに問う、都立病院の「民営化」ねらわれる地方独立行政法人化』（共著、かもがわ出版、2019年）、『福祉国家型財政への転換―危機を打開する真の道筋』（共著、大月書店、2013年）など。

### 一般社団法人東京自治問題研究所

1982年設立　月刊『東京』を発行　2024年1・2月号で450号を数える。東京の都市問題、地域問題を実証的に探究、社会・経済・環境・福祉・教育・医療・文化・歴史・行財政など、関係するあらゆる分野において調査・研究・学習をすすめ、調査報告書や書籍の発行、講演会・シンポジウム・学習会などを精力的に行っている。

東京都豊島区南大塚 2-33-10
電話 03-5976-2571　FAX03-5976-2573
E-mail:tokyo-jichiken@clock.ocn.ne.jp
公式ブログ　https://tokyojichimonken.fc2.net
Facebook　https://www.facebook.com/102202944605478
Twitter(X)　https://twitter.com/tokyojichiken

[著者紹介]

## 野中郁江 (のなか・いくえ)　　　　　　　　　　　　　　[第1章 2)]
明治大学名誉教授。専門は会計学、経営分析学。『図説　企業の論点』(編著、旬報社、2021年)、『ゆたかな財政の活用で取り戻そう！　私たちの東京』(著者、旬報社、2024年)。

## 後藤逸郎 (ごとう・いつろう)　　　　　　　　　　　　　[第1章 3]
フリーランス記者。専門はマクロ経済、企業経営。著書に『オリンピック・マネー　誰も知らない東京五輪の裏側』(文春新書、2020年)、『亡国の東京オリンピック』(文藝春秋、2021年) など。

## 岩見良太郎 (いわみ・りょうたろう)　　　　　　　　　　[第2章 1]
埼玉大学名誉教授。専門は都市工学。『再開発は誰のためか　住民不在の都市再生』(日本経済評論社、2016年) など。

## 関口偵雄 (せきぐち・さだお)　　　　　　　　　　　　　[第2章 2]
臨海部開発問題を考える都民連絡会世話人 (略称：臨海都民連)。

## 原田あきら (はらだ・あきら)　　　　　　　　　　　　　[第2章]
日本共産党都議会議員 (杉並区選出)。都市計画審議会委員。都市再開発による気候変動やヒートアイランド現象への影響を取り上げてきた。

## 尾林芳匡 (おばやし・よしまさ)　　　　　　　　　　　　[第2章 5]
八王子合同法律事務所弁護士。過労死弁護団全国連絡会議幹事。『自治体民営化のゆくえ　公共サービスの変質と再生』(共著、自治体研究社、2020年)、『行政サービスのインソーシング「産業化」の日本と「社会主義」のイギリス』(共著、自治体研究社、2021年)、『学校統廃合と公共施設の複合化・民営化―PPP/PFIの実情』(共著、自治体研究社、2024年)。

## 東京自治問題研究所防災研究グループ (50音順)　　　　　[第2章 6]
伊藤谷生 (静岡大学防災総合センター)
岩本広志 (応用地質研究会)
谷川勝至 (東京大学理学部)
長崎千裕 (元東京大学工学部)
中山俊雄 (東京自治問題研究所研究員)
渡邉拓美 (応用地質研究会)

## 岸本正人 (きしもと・まさと)　　　　　　　　　　　　　[第2章 7]
東京平和委員会事務局長。

**谷口 聡** (たにぐち・さとし)　　　　　　　　　　　　　　　[第3章 2]

中央学院大学准教授。専門は教育政策論、教育法学、教育行政学。中西新太郎・谷口聡・世取山洋介著、福祉国家構想研究会編『教育 DX は何をもたらすか:「個別最適化」社会のゆくえ』(大月書店、2023 年)。

**稲葉多喜生** (いなば・たきお)　　　　　　　　　　　　　　[第3章 3]

東京自治問題研究所副理事長。東京自治体労働組合総連合(東京自治労連)副中央執行委員長。政策社会保障部を担当『保育・教育 DX が子育て、学校、地方自治を変える』(共著、自治体研究社、2022 年)。

**中妻雅彦** (なかつま・まさひこ)　　　　　　　　　　　　　[第3章 4]

元弘前大学教授。東京自治問題研究所常務理事、月刊「東京」編集委員。専門は教育学。

**原田仁希** (はらだ・にき)　　　　　　　　　　　　　　　　[第3章 5]

東京公務公共一般労働組合書記次長。首都圏青年ユニオンや心理職ユニオンなどのオルグとして活動。特に非正規労働者や職種別ユニオンの組織化に取り組む。

**高橋美明** (たかはし・よしあき)　　　　　　　　　　　　　[第4章 1]

都立病院の充実を求める連絡会事務局長。

**山本民子** (やまもと・たみこ)　　　　　　　　　　　　　　[第4章 2]

日本自治体労働組合総連合(自治労連)中央執行委員。前江東区職員労働組合執行委員長。保健師。『新型コロナ最前線 2020 − 2023 自治体職員の証言』(共著、大月書店、2023 年)。

**安達智則** (あだち・とものり)　　　　　　　　　　　　　　[第4章 3]

東京自治問題研究所主任研究員。健和会医療福祉調査室室長。『学校が消える─公共施設の縮小に立ち向かう』(旬報社、2018 年)、『都民とともに問う、都立病院の「民営化」─狙われる地方独立行政法人化』(かもがわ出版、2019 年)、『ゆたかな財政の活用で取り戻そう!　私たちの東京』(共著者、旬報社、2024 年)。

**小野 浩** (おの・ひろし)　　　　　　　　　　　　　　　　[第4章 4]

きょうされん常任理事、政策・調査委員長。専門は障害福祉。『障害のある人が社会で生きる国　ニュージーランド』(共著、ミネルヴァ書房、2013 年 )。

**田川英信** (たがわ・ひでのぶ) ［第4章 5］

世田谷区で生活保護ケースワーカーおよび査察指導員（係長）を務める。東京自治体労働組合総連合（東京自治労連）副執行委員長、書記長、日本自治体労働組合総連合（自治労連）副中央執行委員長等を歴任。現在、生活保護問題対策全国会議事務局次長。社会福祉士。

**村田悠輔** (むらた・ゆうすけ) ［第4章 6］

東京自治問題研究所常務理事・研究員、月刊「東京」編集委員。専門は公的扶助法。共著に『東京をどうするか 福祉と環境の都市構想』（岩波書店、2011年）、『図説 東京の論点』（旬報社、2020年）、『判例 生活保護 わかる解説と判決全データ』（山吹書店、2020年）など。

**斉藤正美** (さいとう・まさみ) ［第4章 7］

富山大学非常勤講師。専門は社会学、フェミニズム研究。『社会運動の戸惑い──フェミニズムの「失われた時代」と草の根保守運動』（共著、勁草書房、2012年）、『国家がなぜ家族に干渉するのか──法案・政策の背後にあるもの』（共著、青弓社、2017年）、『宗教右派とフェミニズム』（共著、青弓社、2023年）など。

**石橋映二** (いしばし・えいじ) ［コラム 1］

東京自治問題研究所・月刊「東京」編集委員。専門は地方税制。 『二つの自治体再編戦略』（共著、東京自治問題研究所、2017年 )。

**鶴岡秀將** (つるおか・ひでまさ) ［コラム 2］

（自治労連）東京水道労働組合書記長。水道局に40数年勤務し、2023年3月末で再任用終了。この間、水道業務をしながら本部役員として労働組合活動を行ない、その内、16年以上を書記長として現在も非専従で関わっている。

**西嶌和徳** (にしじま・かずのり) ［コラム 3、おわりに］

東京自治問題研究所常務理事・事務局長。特別区職員労働組合連合会（特区連）執行委員（賃金対策担当）。

**小川満世** (おがわ・みつとし) ［コラム 4］

元東京都区職員労働組合(都職労)住宅局支部長。NPO法人 建築ネットワークセンター顧問、一級建築士、日本住宅会議会員

# 徹底検証！東京都政
## ──巨大再開発、DX・GXで
## 　東京のまち・自然が破壊される

2024 年　5 月 30 日　初版第 1 刷発行

編著者───山本由美・久保木匡介・
　　　　　川上 哲
　　　　　東京自治問題研究所

発行者───木内洋育

発行所───株式会社旬報社
　　　　　〒162-0041
　　　　　東京都新宿区早稲田鶴巻町 544
　　　　　電話 03-5579-8973
　　　　　FAX 03-5579-8975
ホームページ　https://www.junposha.com/

装丁・DTP　　aTELIa
印刷・製本　　中央精版印刷株式会社

©Yumi Yamamoto, et al., 2024, Printed in Japan
ISBN978-4-8451-1913-4
本書の無断転載・複写・複製を禁じます。